DIE 6 BESTEN PASTATEIGE

Wollt ihr die Nudeln für die Gerichte dieser Gold-Edition selbst zubereiten, findet ihr die sechs besten Basisrezepte auf der beigelegten Sammelkarte. Alle Varianten bringen einen tollen Geschmack mit und ändern die Gerichte leicht ab.

WIR KOCHEN PASTA AUF YOUTUBE!

Auf unserem ZauberTopf-YouTube-Channel kochen wir regelmäßig für euch. In dieser Ausgabe haben wir alle Rezepte mit einem QR-Code versehen, die unsere Kollegin und Moderatorin Désirée Peikert in der ZauberTopf-Küche zubereitet. Scannt den jeweiligen Code und schaut euch die Mix-Folge direkt an!

LIEBE LESER*INNEN,

eine Tüte Nudeln haben die meisten von uns immer im Haus. Denn sie sind so unendlich vielseitig einsetzbar und lassen sich vor allem auch schnell kochen.

In dieser Ausgabe der **mein ZauberTopf GOLD-EDITION** „PASTA“ zeigen wir, wie die beliebtesten Gerichte wie vom Italiener gelingen. Außerdem, wie ihr Aufläufe und Gratins, Nudelsalate und One Pots ganz einfach zubereitet und dass auch internationale Klassiker aus Asien wie Ramen oder Mac and Cheese aus Amerika im Thermomix® leicht gemacht sind.

Im Kapitel zu Pestos und Nudelsoßen bekommt ihr die wichtigsten Grundrezepte für die Blitzküche dazu. Denn wer diese Leckerbissen auf Vorrat hält, kann jederzeit gutes selbst gemachtes Essen servieren.

Ich wünsche euch viel Spaß beim Mixen und Genießen!

Eure Vivien Koitka, Chefredakteurin

Titelfotos: StockFood/für ZS Verlag (1); Archiv (1) | Fotos: Anna Gieseler (1); Archiv (2)

INHALT

Alle Themen und Ratgeber

AiO – Für diese Gerichte braucht ihr nur Mixtopf, Garkorb und Varoma®

FIX – Gerichte mit diesem Symbol sind in maximal 30 Minuten fertig

ONE POT – Hier benötigt ihr zum Kochen ausschließlich den Mixtopf

EASY – Simpel zu kochende Gerichte mit wenigen und einfachen Zutaten

BESUCHT UNS AUF

www.pinterest.de/meinzaubertopf
www.zaubertopf.de/youtube
www.zaubertopf-shop.de
www.instagram.com/zaubertopf.de
www.zaubertopf.de/facebook
www.zaubertopf-club.de

Fotos: StockFood/Krimshandl-Tauscher, Sandra (1), /Immediate Media/Olive (1); Anna Gieseler (1); Anna Gieseler & Kathrin Knoll (1); Ira Leoni (1)

REZEPTE DIESER AUSGABE

mein ZauberTopf

GOLD-EDITION

RATGEBER

PASTA-SCHULE

Mehl, Salz, Eier, Olivenöl und euer Thermomix® – das sind die Hauptzutaten für den perfekten Nudelteig!

Basis REZEPT

Nudelteig

PRO PORTION:
432 KCAL | 18 G E | 7 G F | 76 G KH

ZUTATEN FÜR 4 PERSONEN

300 g Mehl Type 00, 100 g Hartweizengrieß, 1 TL Salz sowie 4 Eier in den geben und **1 Min.** | verkneten. Den Pastateig in Frischhaltefolie wickeln und 30 Min. ruhen lassen. Den Teig auf der leicht bemehlten Arbeitsfläche kräftig durchkneten, dann in kleine Portionen teilen und diese mithilfe einer Nudelmaschine ausrollen.

DAS MEHL MACHT'S

Mehle mit niedriger Typenzahl eignen sich besonders gut, um klassische Nudelsorten herzustellen. Sie lassen sich einfach verarbeiten und sorgen am Ende für einen feinen Pastateig. Typisch italienisch ist das sogenannte Pizzamehl der Type 00. Aber auch Weizenmehl 405 eignet sich wunderbar für den Klassiker.

WIE VIEL PASTA PRO PERSON?

Verwendet ihr fertige Pasta, rechnet ihr 100–125 g pro Person. Stellt ihr die Pasta selbst her, braucht ihr etwa 190 g Teig pro Person.

6 Vorzüge des Zaubertopfs IN DER PASTA-ZUBEREITUNG

1. Stellt euer **eigenes Mehl** her, das ihr dann zu Pasta verarbeitet. So wisst ihr immer genau, was in eurer Pasta steckt.
2. **Knetet** Teige im Mixtopf so gut und schnell wie kein anderer.
3. **Schwere Teige** aus beispielsweise Dinkelmehl oder mit hohem Anteil an Hartweizengrieß sind für den Thermomix® kein Problem.
4. Auch **große Mengen** an Teig sind mühelos machbar. Die Pasta-Party gelingt also ohne Kraftaufwand.
5. **Kein Chaos** in der Küche! Das Kochen passiert im Mixtopf. Das spart nicht nur Zeit, sondern auch viel Saubermachen.
6. Während der Teig geknetet wird, könnt ihr schon weitere Vorbereitungen treffen. Das **spart Zeit**.

RAVIOLI

Legt eine Pasta-Teigbahn auf der Arbeitsfläche aus und gebt teelöffelweise die Füllung mit etwas Abstand darauf. Die Zwischenräume mit Eiweiß bestreichen. Eine zweite Teigbahn darüberlegen, auf den Zwischenräumen leicht festdrücken und mithilfe eines Ravioliausstechers zu Ravioli formen. Alternativ könnt ihr ein Teigrädchen zum Schneiden verwenden. Die Ravioli auf ein gut bemehltes Küchenhandtuch legen und den restlichen Teig sowie die Füllung ebenso verarbeiten. In siedendem Salzwasser 4–5 Min. ziehen lassen.

LASAGNEPLATTEN

Teig mit einem Nudelholz dünn ausrollen oder in einer Nudelmaschine zu Bahnen walzen. Dabei nach jedem Durchlauf die Walzen bis zur gewünschten Dicke enger stellen. Teigbahnen passend zuschneiden und ohne Vorkochen verwenden. Mind. 35 Min. backen

FUSILLI

Statt den Teig in der Nudelmaschine auszurollen, verarbeitet ihn nach dem Kneten mit der Nudelmaschine und dem passenden Aufsatz. 30 Min. trocknen lassen. Mit heißem Salzwasser 3–4 Min. garen.

FARFALLE

Ausgerollte Teigbahn in ca. 2,5 cm breite Bahnen schneiden. Diese in 5 cm lange Stücke schneiden und dann mit angefeuchteten Fingern mittig zusammendrücken. Auf einem bemehlten Brett verteilen und 30 Min. trocknen lassen. Kochzeit 3–4 Min.

RIGATONI

Verwendet den Rigatoni-Aufsatz eurer Nudelmaschine und gebt portionsweise den Teig zu. Rigatoni je nach gewünschter Länge abschneiden und anschließend 30 Min. trocknen lassen. In kochendem Salzwasser 4–5 Min. garen.

TAGLIATELLE – BANDNUDELN

Entweder könnt ihr einen speziellen Bandnudel-Aufsatz der Küchenmaschine nutzen, um lange Tagliatelle zu formen, oder ihr schneidet den Teig per Hand. Dafür die Teigbahnen leicht bemehlen und aufrollen. Die Teigrollen nun mit einem scharfen Messer in Scheiben schneiden (etwa 6 mm), Nudeln auflockern und bis zur Verwendung auf einen bemehlten Teller legen. Kochzeit: etwa 3 Min.

>TIPP Zu Nestern geformt lassen sich diese Bandnudeln auch gut trocknen und ganz einfach portionieren!

Ein Teig, viele Formen

Aus einem Teig lassen sich die unterschiedlichsten Pastasorten zaubern! Führt unser Basisrezept für Nudelteig (siehe linke Seite) fort, je nachdem, welche Variante (siehe oben) ihr zubereiten wollt.

Fotos: Anna Gieseler & Kathrin Knoll

Spaghetti alla puttanesca

Spaghetti carbonara

Spaghetti aglio, olio e peperoncino

Italienische Bolognese –
das Originalrezept

Ravioli in Rinderbrühe

Pasta „Quattro Formaggi“

Penne mit mediterraner Tomatensoße

One-Pot-Pasta Tomate-Mozzarella

Penne all'arrabbiata

Foto: siehe Seite 22

UNSERE LIEBLINGE

Das sind die Klassiker, von denen wir nie genug bekommen!

EINFACH IMMER GUT

Spaghetti alla puttanesca

00 | 50
std : min

LOW CARB LOW FAT

PRO PORTION: 526 KCAL | 15 G E | 15 G F | 76 G KH
ZUTATEN FÜR 4 PERSONEN

- **Blättchen von 4 Stielen Petersilie**
- **500 g Wasser**
- **700 g Tomaten, Stielansatz keilförmig entfernt**
- **2 Knoblauchzehen**
- **1 rote Chilischote, entkernt**
- **50 g natives Olivenöl extra**
- **20 g Sardellenfilets in Öl, abgetropft**
- **Salz**
- **400 g Spaghetti**
- **40 g schwarze Oliven**
- **40 g Kapern**
- **3 Prisen frisch gemahlener schwarzer Pfeffer**

1 | Petersilie in den Mixtopf geben, **3 Sek.** | **Stufe 8** zerkleinern und umfüllen.

2 | Wasser in den Mixtopf geben, den Varoma® aufsetzen, Tomaten einwiegen, den Varoma® verschließen und **10 Min.** | **Varoma®** | **Stufe 2** garen.

3 | Den Varoma® absetzen, Tomaten darin abschrecken und abtropfen lassen. Den Mixtopf leeren. Tomaten häuten und vierteln. In einem großen Topf reichlich Wasser zum Kochen bringen.

4 | Knoblauch mit Chili in den Mixtopf geben, **5 Sek.** | **Stufe 5** zerkleinern und mit dem Spatel nach unten schieben. 30 g Olivenöl zugeben und ohne Messbecher **3 Min.** | **Varoma®** | **Stufe 1** dünsten. Sardellen zufügen und **2 Min.** | **Varoma®** | **Stufe 1** dünsten.

5 | Tomaten zugeben, anstelle des Messbechers den Garkorb als Spritzschutz auf den Deckel des Mixtopfes stellen und **15 Min.** | **100°C** | **Linkslauf** | **Stufe 1** garen. In dieser Zeit Nudelwasser salzen, Spaghetti zufügen und nach Packungsanweisung garen.

6 | Oliven und Kapern in den Mixtopf geben, den Garkorb als Spritzschutz auf den Deckel stellen und **2 Min.** | **100°C** | **Linkslauf** | **Stufe 1** garen.

7 | Nudeln zum Abtropfen in den Varoma® abgießen. Soße, Pfeffer und Nudeln in einer vorgewärmten Schüssel mischen, mit dem restlichen Olivenöl beträufeln, mit Petersilie bestreut servieren.

>NUDELN Für dieses Gericht eignen sich lange Pastasorten wie Spaghetti, Linguine, Tagliatelle oder Fettuccine sehr gut, da die Soße sich wunderbar um die langen Nudeln schmiegt.

>TIPP Kapern sind eingelegte Blütenknospen des Kapernstrauchs. Es gilt: je kleiner die Knospen, desto feiner der Geschmack.

FIX

Spaghetti carbonara

00 20 std : min

LOW CARB LOW FAT

PRO PORTION: 754 KCAL | 32 G E | 36 G F | 75 G KH

ZUTATEN FÜR 4 PERSONEN

- **100 g Parmesan, in Stücken**
- **100 g Schinkenwürfel**
- **30 g natives Olivenöl extra**
- **850 g Wasser**
- **1 TL Gemüse-Gewürzpaste**
- **200 g Sahne**
- **Salz**
- **3 Eigelb**
- **400 g Spaghetti**
- **2 Prisen frisch gemahlener schwarzer Pfeffer**

1 | Parmesan in den geben, **10 Sek. | Stufe 10** zerkleinern und umfüllen.

2 | Schinkenwürfel mit Olivenöl in den geben und **6 Min. | 100 °C |** | andünsten.

3 | 800 g Wasser im Wasserkocher aufkochen, mit der Gewürzpaste, der Sahne und ½ TL Salz in den geben. **5 Min. | 100 °C |** | aufkochen.

4 | 50 g der Flüssigkeit abnehmen, mit 50 g Wasser, den Eigelben und dem Parmesan in einer kleinen Schüssel verrühren. Für die Spaghetti **Zeit nach Packungsangabe plus 3 Min. | 100 °C |** | einstellen und die Spaghetti durch die Deckelöffnung in den geben. Nach und nach mit dem nach unten drücken.

5 | Nach Ende der Garzeit **3 Min. | 80 °C |** | einstellen und dabei die Eiermischung langsam durch die Deckelöffnung zugießen. Mithilfe des verrühren. Mit 2 Prisen Salz sowie Pfeffer abschmecken, noch einmal gut mit dem im verrühren. Die Spaghetti mit der Soße auf Tellern verteilen und servieren.

>EIER TRENNEN Nehmt dazu den Deckel des samt Messbecher zu Hilfe! Setzt beides auf eine Schale und gebt das aufgeschlagene Ei auf den Rand des Deckels. Das Eiweiß fließt in die Schale darunter, das Eigelb bleibt auf dem Deckelrand liegen. Dies könnt ihr samt Deckel abheben und verwenden.

WIE WÄR'S MIT ...?

Die Spaghetti carbonara lassen sich einfach variieren. Dünstet beispielsweise zusätzlich zu den Schinkenwürfeln ein paar Erbsen mit oder ersetzt den Parmesan durch würzigen Gorgonzola!

Eine leckere Carbonara kochen wir hier!

Scan mich

Fotos: Alexandra Panella; Archiv

Spaghetti aglio, olio e peperoncino

00 30 std : min

LOW CARB LOW FAT

PRO PORTION: 653 KCAL | 16 G E | 25 G F | 90 G KH
ZUTATEN FÜR 4 PERSONEN

- ★ **4 Knoblauchzehen**
- ★ **Blättchen von 1 Bund glatter Petersilie**
- ★ **2 kleine getrocknete Chilischoten**
- ★ **100 g natives Olivenöl extra**
- ★ **1000 g Wasser**
- ★ **1 TL Salz**
- ★ **500 g Spaghetti**
- ★ **frisch gemahlener schwarzer Pfeffer**

1 | Knoblauchzehen, Petersilie sowie Chilis in den Mixtopf geben und **5 Sek. | Stufe 7** zerkleinern. Mit dem Spatel nach unten schieben. 75 g Olivenöl hinzufügen und **6 Min. | 100 °C | Linkslauf | Stufe 1** andünsten.

2 | Wasser mit Salz in den Mixtopf geben. **10 Min. | 100 °C | Stufe 1** mit eingesetztem Messbecher aufkochen. Für die Spaghetti **Zeit nach Packungsangabe plus 3 Min. | 100 °C | Linkslauf | Sanftrührstufe** einstellen und die Spaghetti durch die Deckelöffnung in den Mixtopf geben. Nach und nach mit dem Spatel in den Mixtopf hineindrücken.

3 | Fertig gegarte Pasta mit dem Spatel durchrühren und auf tiefe Teller verteilen. Mit restlichem Olivenöl beräufeln, mit Pfeffer bestreuen und sofort servieren.

>VARIANTE Spaghetti aglio, olio e peperoncino gehören zu den beliebtesten Klassikern der italienischen Küche. Würzig, mit einer angenehmen Schärfe und dabei so simpel in der Zubereitung. Die Pasta schmeckt auch zusätzlich mit frisch gebratenen Garnelen hervorragend. Dieses Rezept könnt ihr alternativ mit Spiralnudeln zubereiten und es kalt als schnellen Nudelsalat servieren oder zum Lunch mitnehmen. Dann passen übrigens auch noch halbierte Kirschtomaten und geröstete Pinienkerne toll dazu.

TRICK 17

Die Spaghetti etwas miteinander verdreht in den Mixtopf stellen, so kleben sie beim Kochen nicht aneinander. Die Zugabe von Öl sorgt später zusätzlich dafür, dass sie sich einfach portionieren lassen.

Fotos: Annamaria Zinnau; Archiv

ONE
POT

Hier kochen wir eine
geniale Bolognese!
Scan mich

Italienische Bolognese – das Originalrezept

02 | 00
std : min

LOW CARB · LOW FAT

PRO PORTION: 769 KCAL | 42 G E | 28 G F | 86 G KH
ZUTATEN FÜR 4 PERSONEN

- ★ **50 g Parmesan, in Stücken**
- ★ **2 Knoblauchzehen**
- ★ **2 Zwiebeln, halbiert**
- ★ **125 g Karotten, in Stücken**
- ★ **2 Stangen Staudensellerie, in Stücken**
- ★ **50 g Pancetta**
- ★ **30 g Butter**
- ★ **400 g Rinderhackfleisch**
- ★ **25 g Tomatenmark**
- ★ **150 g trockener Rotwein**
- ★ **400 g Rinderbrühe**
- ★ **200 g gehackte Tomaten**
- ★ **100 g Milch**
- ★ **1 Lorbeerblatt**
- ★ **1 ½ TL Salz**
- ★ **½ TL frisch gemahlener schwarzer Pfeffer**
- ★ **400 g Spaghetti**

1 | Parmesan in den geben, **15 Sek. | Stufe 10** zerkleinern, umfüllen. Knoblauch, Zwiebeln, Karotten, Staudensellerie und Pancetta im **6 Sek. | Stufe 7** zerkleinern, mit dem nach unten schieben. Butter zugeben, **5 Min. | 120 °C [TM31 bitte Varoma®] | Stufe 2** dünsten.

2 | Hackfleisch zufügen, **8 Min. | 120 °C [TM31 bitte Varoma®] | |** dünsten. Tomatenmark zugeben und **2 Min. | 120 °C [TM31 bitte Varoma®] | |** mitdünsten. Mit Wein ablöschen und **5 Min. | 120 °C [TM31 bitte Varoma®] | |** garen.

3 | Brühe, Tomaten, Milch, Lorbeerblatt, Salz sowie Pfeffer zugeben und die Soße **1 Std. 30 Min. | 100 °C | |** ohne Messbecher garen. Den Garkorb als Spritzschutz auf den stellen.

4 | Kurz vor Ende der Garzeit die Spaghetti in reichlich kochendem Salzwasser nach Packungsanweisung bissfest garen und abgießen. Lorbeerblatt aus der Soße nehmen, die Pasta tropfnass mit der Soße vermengen. Mit Parmesan bestreut servieren.

>PANCETTA Neben Hackfleisch wird hier Pancetta verwendet, ein italienischer Bauchspeck vom Schwein. Zusammen ergibt dieser Mix von Hackfleisch und Speck eine tolle Mischung aus mageren und fetten Fleischsorten.

>MILCH? Die Milch in der Bolognese mildert die Säure der Tomaten und des Weins ein wenig ab. Eure Soße wird dadurch perfekt abgerundet.

GEMÜSE

Karotten, Staudensellerie und Zwiebeln – das Dreigespann für noch mehr Geschmack. Sie sind für die Bologneseoße das, was Suppengrün für Brühe und Co. ist.

Fotos: Alexandra Panella; Archiv

Ravioli in Rinderbrühe

00 | 45 std : min

PRO PORTION: 851 KCAL | 44 G E | 43 G F | 75 G KH

ZZGL. 30 MIN. RUHEZEIT

ZUTATEN FÜR 4 PERSONEN

- **250 g Mehl Type 405 zzgl. etwas mehr zum Bearbeiten**
- **5 Eier**
- **10 g natives Olivenöl extra**
- **Salz**
- **1 altbackenes Brötchen, in Stücken**
- **70 g Milch**
- **Blättchen von 1 Bund Petersilie**
- **400 g Babyspinat**
- **2 Zwiebeln, halbiert**
- **10 g Butter**
- **250 g Rinderhackfleisch**
- **200 g feines Bratwurstbrät**
- **frisch geriebene Muskatnuss**
- **frisch gemahlener schwarzer Pfeffer**
- **1000 g heiße Rinderbrühe**
- **40 g Röstzwiebeln**

1 | Mehl, 4 Eier, Olivenöl und 1 Prise Salz in den geben und **2 Min.** | kneten. Den krümeligen Teig auf die Arbeitsfläche geben und zu einer Kugel formen, in Frischhaltefolie wickeln und etwa 30 Min. bei Zimmertemperatur ruhen lassen. Den spülen.

2 | Brötchen in der Milch einweichen. Die Petersilie **3 Sek.** | **Stufe 8** zerkleinern und umfüllen. Den Spinat in kochendem Salzwasser 1 Min. blanchieren, gut ausdrücken. Zwiebeln im **4 Sek.** | **Stufe 6** zerkleinern. Butter zufügen und **3 Min.** | **100 °C** | **Stufe 2** dünsten. Brötchen ausdrücken und mit der Hälfte der Petersilie, Spinat, Hackfleisch, Brät, dem übrigen Ei, Muskat, 1 Prise Salz und Pfeffer in den geben, **20 Sek.** | **Stufe 3** vermengen.

3 | Den Teig halbieren und portionsweise auf der leicht bemehlten Arbeitsfläche ca. 2 mm dick rechteckig ausrollen. Die Teigstücke zu gleich großen Rechtecken zuschneiden und auf die bemehlte Arbeitsfläche legen. Je 1 TL der Füllung auf die Hälfte der Teigstücke verteilen. Rund um die Füllung sollte ein 2 cm breiter Rand entstehen. Den Rand mit etwas Wasser einpinseln und ein zweites Teigrechteck darauflegen. Den Teig rund um die Füllungen mit einer Gabel andrücken oder mit einem Ravioli-Stecher ausstechen.

4 | Ravioli in siedendem Salzwasser 8–10 Min. garen, dann herausheben und mit der heißen Rinderbrühe auf 4 Suppenteller verteilen. Mit der übrigen Petersilie und Röstzwiebeln garnieren und servieren.

>TIPP Ravioli auf Vorrat: Am besten bereitet ihr gleich die doppelte Menge der Ravioli zu. So könnt ihr eine Portion davon vor dem Kochen einfrieren und habt schnell eine tolle Suppeneinlage parat. Die gefrorenen Ravioli dann einfach in heißer Brühe gar ziehen lassen. Mehr Tipps zu selbst gemachter Pasta gibt es ab Seite 8.

Foto: Ira Leoni

EASY

Pasta „Quattro Formaggi“

00 | 20 std : min

LOW CARB LOW FAT

PRO PORTION: 762 KCAL | 33 G E | 38 G F | 72 G KH

ZUTATEN FÜR 4 PERSONEN

- **100 g Parmesan, in Stücken**
- **1 kleine Knoblauchzehe**
- **50 g alter Gouda, in Stücken**
- **50 g Emmentaler, in Stücken**
- **10 g Stärke**
- **150 g Milch**
- **150 g Sahne**
- **60 g Gorgonzola, in Stücken**
- **Salz**
- **1 Prise frisch gemahlener schwarzer Pfeffer**
- **400 g Nudeln (z.B. Tortiglioni)**
- **2 EL Schnittlauchröllchen**

1 | Den Parmesan in den Mixtopf geben, **10 Sek. | Stufe 10** zerkleinern und umfüllen.

2 | Für die Soße den Knoblauch in den Mixtopf geben, **3 Sek. | Stufe 8** zerkleinern und mit dem Spatel nach unten schieben. Den Gouda mit dem Emmentaler zufügen und **5 Sek. | Stufe 7** zerkleinern. Stärke, Milch, Sahne, Gorgonzola, ¼ TL Salz sowie Pfeffer dazugeben und alles **10 Min. | 90°C | Stufe 3** garen.

3 | Inzwischen die Nudeln in reichlich kochendem Salzwasser nach Packungsanweisung bissfest garen.

4 | Die Nudeln abgießen und auf 4 Tellern anrichten. Die Soße darauf verteilen, mit Schnittlauchröllchen und dem geriebenen Parmesan bestreut servieren.

>TIPP Bei dieser Käse-Pasta könnt ihr besonders schnell und einfach kreativ werden. Mit unterschiedlichen Käsesorten von mild bis würzig bekommt das Rezept jedes Mal eine ganz andere Note. Einfach den Käse aus der Zutatenliste durch dieselbe Menge der ganz persönlichen Wunschsorte ersetzen!

KÄSE ZERKLEINERN

Vor dem Zerkleinern Gouda und Emmentaler in Stücke schneiden. Sind sie zu weich, wie etwa bei jungem Gouda, legt die Würfel 15 Minuten ins Gefrierfach. Dann klebt der Käse nicht an den Messern fest.

Fotos: Alexandra Panella; Archiv

Penne mit mediterraner Tomatensoße

00 35 std : min

LOW CARB LOW FAT

PRO PORTION: 623 KCAL | 23 G E | 24 G F | 80 G KH

ZUTATEN FÜR 4 PERSONEN

- **60 g Parmesan, in Stücken**
- **2 Knoblauchzehen**
- **1 Zwiebel, halbiert**
- **15 g natives Olivenöl extra**
- **1 Aubergine, in Stücken**
- **100 g Zucchini, in Stücken**
- **2 Stangen Staudensellerie, in Stücken**
- **1 gehäufter TL Gemüse-Gewürzpaste**
- **½ TL Salz**
- **¼ TL frisch gemahlener schwarzer Pfeffer**
- **1 TL frischer Oregano**
- **1 TL Rosmarinnadeln**
- **¼ TL Salbeiblätter**
- **400 g stückige Tomaten (Dose)**
- **600 g Wasser**
- **400 g Penne**
- **150 g Crème fraîche**

1 | Den Parmesan in den Mixtopf geben, **10 Sek. | Stufe 10** zerkleinern und umfüllen. Den Mixtopf spülen. Den Knoblauch mit der Zwiebel in den Mixtopf geben, **5 Sek. | Stufe 5** zerkleinern und mit dem Spatel nach unten schieben. Das Öl zufügen und **3 Min. | 120°C [TM31 bitte Varoma®] | Stufe 1** andünsten. Das Gemüse, die Gemüse-Gewürzpaste, Salz sowie Pfeffer zugeben und alles **5 Min. | 100°C | Stufe 2** andünsten.

2 | Die Kräuter in den Mixtopf geben und **5 Sek. | Stufe 5** zerkleinern. Tomaten mit Wasser hinzufügen und **6 Min. | 100°C | Stufe 1** erhitzen. Nudeln zu der Soße in den Mixtopf geben und **nach Packungsangabe plus 1 Min. | 100°C | Linkslauf | Stufe 1** kochen lassen.

3 | Anschließend Parmesan und Crème fraîche zufügen, **30 Sek. | Linkslauf | Stufe 1** unterrühren. Die Penne mit der Soße in tiefe Teller füllen und servieren.

ONE
POT

FIX

One-Pot-Pasta Tomate-Mozzarella

00 30
std : min

LOW CARB LOW FAT

PRO PORTION: 793 KCAL | 32 G E | 37 G F | 84 G KH

ZUTATEN FÜR 4 PERSONEN

- **300 g Mozzarella, in Würfeln**
- **1 Knoblauchzehe**
- **1 Zwiebel, halbiert**
- **20 g natives Olivenöl extra**
- **15 g Tomatenmark**
- **400 g stückige Tomaten (Dose)**
- **400 g Wasser**
- **100 g Sahne**
- **50 g Schmelzkäse**
- **1 TL getrockneter Oregano**
- **1 TL getrocknetes Basilikum**
- **½ TL Salz**
- **4 Prisen frisch gemahlener schwarzer Pfeffer**
- **320 g Penne**
- **1 EL Stärke**
- **200 g Cherrytomaten, halbiert**
- **einige Blättchen frisches Basilikum**

1 | Mozzarella in den geben und **3 Sek. | Stufe 5** zerkleinern. Umfüllen und beiseitestellen. Knoblauch und Zwiebel im **4 Sek. | Stufe 6** zerkleinern. Mit dem nach unten schieben. Öl mit Tomatenmark zufügen und **2 Min. | 100 °C | Stufe 2** andünsten. Tomaten, 350 g Wasser, Sahne, Schmelzkäse sowie Kräuter und die Gewürze zugeben. Die Soße **10 Min. | 120 °C [TM31 bitte Varoma®] | Stufe 2** aufkochen.

2 | Die Penne in den geben. Alles weitere **10 Min. | 100 °C |** | kochen. Nach 5 Min. anhalten und mit dem umrühren. Nach Ende der Garzeit dann den zerkleinerten Mozzarella zugeben, alles mit dem vermengen und weitere **2 Min. | 100 °C |** | einstellen. Währenddessen Stärke mit übrigen 50 g Wasser vermischen und durch die Deckelöffnung zugießen.

3 | Cherrytomaten zu den Nudeln in den Topf geben und alles mit dem gut vermengen. Mit etwas Basilikum garniert servieren.

Cremige Spaghetti Tomate-Mozzarella mixen wir hier

Scan mich

Foto: iia Leoni

Penne all'arrabbiata

00 30 std : min

LOW CARB LOW FAT

PRO PORTION: 542 KCAL | 18 G E | 17 G F | 78 G KH
ZUTATEN FÜR 4 PERSONEN

- **50 g Parmesan, in Stücken**
- **1 Zwiebel, halbiert**
- **2 Knoblauchzehen**
- **Blättchen von ½ Bund Petersilie**
- **½ rote Chilischote**
- **50 g natives Olivenöl extra**
- **600 g heißes Wasser**
- **400 g stückige Tomaten (Dose)**
- **½ TL Salz**
- **400 g Penne**
- **3 Prisen frisch gemahlener schwarzer Pfeffer**

1 | Parmesan in den geben, **10 Sek. | Stufe 10** zerkleinern, umfüllen. Zwiebel, Knoblauch, Petersilie sowie Chilischote in den geben und **5 Sek. | Stufe 6** zerkleinern. Mit dem nach unten schieben. Olivenöl hinzufügen und alles **5 Min. | 120 °C [TM31 bitte Varoma®] | Stufe 3** ohne Messbecher andünsten.

2 | Wasser mit stückigen Tomaten und Salz in den geben. **5 Min. | Varoma® | Stufe 2** aufkochen. Penne hinzufügen und **nach Packungsangabe plus 1 Min. | 100 °C |** | ohne Messbecher garen. Mit Pfeffer abschmecken, mit Parmesan bestreuen und sofort servieren.

>TIPP Bei Parmesan könnt ihr die Rinde auch mit zerkleinern. Diese vorher gut abwaschen und den äußeren Teil mit einem Messer etwas entfernen.

>ÜBRIGENS Die scharfe Pastasoße „Arrabbiata" heizt mächtig ein! Seinen Namen verdankt dieser pikante Sugo nicht nur seiner Schärfe, sondern auch der Laune der Köchin. Übersetzt heißt arrabbiata so viel wie wütend, und man sagt, dass die Pasta all'arrabbiata schärfer wird, je wütender die Köchin ist.

ZWIEBELN ZERKLEINERN

Zum Zerkleinern der Zwiebeln höchstens Stufe 5 verwenden, sonst werden sie bitter. Für feinere Stücke zwischendurch mit dem nach unten schieben und 3–4 Sek. wiederholen.

ONE
POT

PASTA KOCHEN

KÜCHENTRICKS

Perfekte Pasta, schön al dente, ohne zu kleben –
wie euch Nudeln für jedes Gericht garantiert gelingen, erfahrt ihr hier!

NUDELN IM ZAUBERTOPF KOCHEN

Mit Mixmesser im

Ihr könnt im Thermomix® bis zu 500 g Nudeln in einem Kochdurchgang zubereiten. Dafür 1500 g Wasser und 1 ½ TL Salz im **12 Min. | Varoma® |** aufkochen. 500 g kurze Nudeln ins kochende Wasser geben. Ohne Messbecher **nach Packungsangabe plus 1 Min. bei 100 °C | |** kochen. Lange Sorten wie Spaghetti oben in die Deckelöffnung geben, sobald das Wasser erhitzt ist. Sie drehen sich zunächst mit und verschwinden dann nach und nach im .

Spaghetti ganz easy im Thermomix® kochen – wir zeigen auf YouTube, wie es geht!

Scan mich

„AL DENTE" ODER „COTTURA"?

Cottura steht für gar gekochte Nudeln, al dente für leicht bissfest. Zwischen diesen beiden Garstufen liegen nur wenige Minuten. Ist auf der Nudelpackung nur eine Zeitangabe zu finden, testet die Pasta ab zwei Minuten vor Ende der Garzeit, dann sind sie meist al dente.

Dank Linkslauf werden die Nudeln von den Messern nicht zerkleinert. Denn laufen diese linksherum, treffen sie mit der stumpfen Seite auf die Pasta.

ERST DIE SOSSE

Die Soße und andere Beilagen sollten vor den Nudeln fertig sein. Wenn ihr die Pasta warten lasst, wird sie kalt und klebrig. Die Soße könnt ihr im Mixtopf mit Deckel warm halten, bis eure Pasta gekocht ist.

WARMHALTEN

Sind die Nudeln doch einmal früher fertig als erwartet, ist das kein Beinbruch. Stülpt einfach die „MiPla® Warmhaltehaube" über den mit Nudeln gefüllten Varoma®. So bleibt die Pasta warm, während die Soße noch zu Ende köchelt. 49,90 Euro, erhältlich unter www.zaubertopf-shop.de

ABGIESSEN

Wollt ihr eure frisch gekochte Pasta abseihen, setzt den Varoma® auf eine große Schale oder stellt ihn direkt in die Spüle. Nun könnt ihr das Kochwasser durch den Varoma® abgießen und die Nudeln direkt darin auffangen. Anschließend könnt ihr den Varoma® auf dessen umgedrehten Deckel stellen, so tropft nichts auf den Tisch. Die Pasta am besten noch tropfnass an die Pastasoße geben.

ABSCHRECKEN ODER NICHT?

Generell gilt, dass Nudeln nach dem Kochen am besten tropfnass direkt aus dem Kochwasser in die bereits fertige Soße gegeben oder nach dem Abgießen unmittelbar serviert bzw. weiterverarbeitet werden. Beim Abschrecken wird die Stärke von der Pasta gespült, die eigentlich an die Nudelsoße übergehen soll und diese bindet – also cremiger macht. Außerdem kühlt das Abschrecken die Pasta ab, die wiederum die Soße eher kalt werden lässt.

Ausnahmen bestätigen die Regel! Was bei heißer Pasta ein No-Go ist, ist nämlich für Nudelsalat sinnvoll. Das Abschrecken sorgt dafür, dass die Nudeln schneller abkühlen und nicht mehr nachgaren. So bleibt ihr Biss erhalten.

SALZ IM KOCHWASSER

Salz dient dazu, der Pasta Geschmack zu verleihen. Daher genügt eine kleine Prise auf die große Menge an Wasser nicht. Es darf schon etwas mehr sein. Einige Köche geben mehrere Esslöffel ans Wasser, sodass es salzig wie Meerwasser schmeckt. Tastet euch langsam heran.

AUF 1 LITER WASSER

1 GEHÄUFTEN TEELÖFFEL SALZ

WENN PASTA KLEBT

Nudelteig wird klassisch aus Hartweizengrieß und Wasser zubereitet. Grieß enthält Stärke, die als „Kleber" im Teig dient und hilft, den Nudelteig zu formen. Beim Kochen wird ein Teil der Stärke ans Wasser abgegeben, einiges auch an die Oberfläche der Nudeln selbst. Bei zu wenig Wasser kleben die Nudeln. Dann etwas stärkehaltiges Nudelkochwasser auffangen und an die Pasta geben, das verhindert das Zusammenkleben.

>**ABER** Bitte kein Öl ins Wasser geben, denn dann nehmen die Nudeln die Soße nicht mehr an.

Fotos: Archiv (4); Anna Gieseler (1)

VOLLKORN

Foto: siehe Seite 40

GUTES AUS VOLLKORN

Mehr Biss und mehr Power – so kombiniert ihr vollwertige Nudeln richtig lecker!

DIE MACHEN SATT

Kürbis-Mangold-Pasta

00 | 30 std : min

LOW CARB LOW FAT

PRO PORTION: 806 KCAL | 25 G E | 33 G F | 94 G KH
ZUTATEN FÜR 4 PERSONEN

- **1 TL Koriandersamen**
- **½ TL Kreuzkümmelsamen**
- **2 Pimentkörner**
- **8 Pfefferkörner**
- **½ getrocknete Chilischote**
- **½ Bund gemischte Kräuter (z.B. Basilikum, Petersilie, Schnittlauch)**
- **500 g Vollkornspaghetti**
- **Salz**
- **2 Schalotten**
- **20 g natives Olivenöl extra**
- **500 g Hokkaidokürbis, in kleinen Stücken**
- **200 g Ziegenfrischkäse**
- **200 g Sahne**
- **Abrieb und Saft von ½ unbehandelte Zitrone**
- **Blätter von 1 Bund Mangold, in Streifen**
- **2 TL Mohnsamen zum Bestreuen**

1 | Koriander, Kreuzkümmel, Piment, Pfeffer sowie Chilischote in den geben, **10 Sek. | Stufe 10** mahlen und umfüllen. Die frischen Kräuter im **6 Sek. | Stufe 7** zerkleinern und ebenfalls umfüllen.

2 | Die Spaghetti in Salzwasser nach Packungsangabe bissfest kochen, anschließend abgießen, dabei etwas Kochwasser auffangen und die Pasta abtropfen lassen.

3 | Inzwischen die Schalotten im **5 Sek. | Stufe 6** zerkleinern, mit dem nach unten schieben. Das Öl zugeben und **3 Min. | 120°C** **[TM31 bitte Varoma®]** | **Stufe 2** andünsten. Kürbis mit Gewürzmischung zufügen und **8 Min. | Varoma®** | | dünsten. Frischkäse, Sahne, 1 TL Salz sowie Zitronenabrieb und -saft zugeben und **5 Min. | 98°C** | | **Stufe 0,5** garen. ¾ vom Mangold zufügen und weitere **3 Min. | 98°C** | | **Stufe 0,5** zu Ende garen.

4 | Spaghetti mithilfe des unter die Gemüsemischung mengen. Die Kräuter sowie restlichen Mangold untermischen und bei Bedarf noch etwas Kochwasser unterrühren. Die Spaghetti abschmecken, auf tiefe Teller verteilen und mit Mohn bestreut servieren.

RATZFATZ

Das Tolle am Hokkaidokürbis ist, dass er nur entkernt, aber nicht geschält werden muss. Ihr könnt ihn nach dem Entkernen einfach in Stücke schneiden und direkt weiterverarbeiten.

FIX

FIX

Vollkornspaghetti mit Ziegenkäse-Spargel-Soße

00 30
std : min

LOW CARB LOW FAT

PRO PORTION: 656 KCAL | 20 G E | 26 G F | 76 G KH

ZUTATEN FÜR 4 PERSONEN

- ★ 1 Schalotte
- ★ 1 Knoblauchzehe
- ★ 20 g natives Olivenöl extra
- ★ 75 g Weißwein
- ★ 300 g Wasser
- ★ 1 TL Gemüse-Gewürzpaste
- ★ 120 g Ziegenfrischkäse
- ★ 40 g Schmand
- ★ 1 EL Zitronensaft
- ★ Salz
- ★ frisch gemahlener schwarzer Pfeffer
- ★ 250 g grüner Spargel, in Stücken
- ★ 400 g Vollkornspaghetti
- ★ 50 g Babyspinat

1 | Schalotte mit Knoblauch im **5 Sek.** | **Stufe 5** zerkleinern und mit dem nach unten schieben. Das Öl zufügen und **3 Min.** | **Varoma®** | **Stufe 2** andünsten. Wein, Wasser, Gewürzpaste, Ziegenfrischkäse, Schmand, Zitronensaft sowie 1 TL Salz und ½ TL Pfeffer in den geben.

2 | Den Spargel im Varoma® sowie auf dem Einlegeboden verteilen. Den Varoma® geschlossen aufsetzen und alles **20 Min.** | **Varoma®** | **Stufe 2** garen. In dieser Zeit die Spaghetti in kochendem Salzwasser nach Packungsangabe al dente garen.

3 | Den Varoma® vorsichtig abnehmen und den Spargel zu der Soße in den geben. Abgetropfte Spaghetti sowie Spinat zufügen und alles mithilfe des vermengen. Pasta auf tiefen Tellern anrichten und servieren.

>TIPP Den Spargel könnt ihr außerhalb der Saison durch grünen Spargel aus dem Glas ersetzen. Toll schmeckt hier aber auch Brokkoli in Röschen.

SPARGELTRICK

Legt die ersten beiden Spargelstangen über Kreuz in den Varoma®, die übrigen locker darüberstapeln. So gelangt der heiße Wasserdampf gleichmäßig an alle Stangen.

Fotos: StockFood/Gräfe & Unzer Verlag/Schardt, Wolfgang; Archiv

Asiatische Vollkornspaghetti mit Sesam-Garnelen

00 25 std : min

LOW CARB LOW FAT

PRO PORTION: 615 KCAL | 31 G E | 26 G F | 61 G KH

ZUTATEN FÜR 4 PERSONEN

- **2 Knoblauchzehen**
- **20 g Ingwer, in Scheiben**
- **30 g Sesamöl**
- **1 TL rote Currypaste**
- **4 Frühlingszwiebeln, in Ringen**
- **350 g Brokkoli, in Röschen**
- **200 g Zuckerschoten, halbiert**
- **400 g Kokosmilch (Dose)**
- **300 g Wasser**
- **20 g Limettensaft**
- **1 TL Gemüse-Gewürzpaste**
- **300 g Vollkornspaghetti (oder Sobanudeln)**
- **300 g Riesengarnelen, küchenfertig**
- **Salz**
- **frisch gemahlener schwarzer Pfeffer**
- **1 EL Sesamsamen**
- **1 unbehandelte Limette, in Spalten**

1 Knoblauch und Ingwer im **7 Sek. | Stufe 6** zerkleinern, dann mit dem nach unten schieben. 20 g Öl sowie Currypaste zufügen und **2 Min. | 120°C** [TM31 bitte Varoma®] | **Stufe 2** andünsten. Frühlingszwiebeln, Brokkoli sowie Zuckerschoten zugeben und alles weitere **3 Min. | 120°C** [TM31 bitte Varoma®] | | **Stufe 1** dünsten.

2 Kokosmilch, Wasser, Limettensaft sowie Gewürzpaste in den geben und **6 Min. | 100°C** | | **Stufe 1** aufkochen. Spaghetti durch die Deckelöffnung zufügen und ohne Messbecher **nach Packungsangabe | 100°C** | | **Stufe 1** bissfest garen.

3 Währenddessen das restliche Öl in einer Pfanne erhitzen und die Garnelen darin 2–3 Min. anbraten. Nach Ende der Garzeit die Garnelen mithilfe des unter die Nudeln heben, mit Salz sowie Pfeffer abschmecken und mit etwas Sesam bestreuen. Die Pasta auf tiefen Tellern anrichten und mit Limettenspalten servieren.

>INGWER Die Knolle verleiht diesem Gericht eine angenehme Schärfe. Zum Schälen am besten einen Teelöffel verwenden, um so wenig wie möglich vom Inneren der Wurzel abzuschneiden.

SCHARF

Ihr könnt die Schärfe des Gerichts variieren. Statt der roten Currypaste könnt ihr auch eine gelbe, mildere verwenden. Wenn ihr es noch schärfer mögt, greift stattdessen zur grünen!

FIX

EASY

Dinkelnudeln mit Linsenbolognese

00 50 std : min

LOW CARB LOW FAT

PRO PORTION: 635 KCAL | 22 G E | 16 G F | 94 G KH
ZUTATEN FÜR 4 PERSONEN

- **Blättchen von 5 Stielen Basilikum**
- **1 Zwiebel, halbiert**
- **2 Knoblauchzehen**
- **30 g natives Olivenöl extra**
- **2 Karotten, in Stücken**
- **1 Stange Staudensellerie, in Stücken**
- **120 g Champignons, geviertelt**
- **250 g braune Linsen**
- **2 EL Tomatenmark**
- **800 g stückige Tomaten (Dose)**
- **1 TL getrockneter Oregano**
- **250 g Wasser**
- **1 TL Gemüse-Gewürzpaste**
- **Salz**
- **frisch gemahlener schwarzer Pfeffer**
- **400 g Dinkelnudeln (z. B. Linguine)**

1 | Basilikum in den geben, **3 Sek. | Stufe 5** zerkleinern und umfüllen. Zwiebel und Knoblauch im **5 Sek. | Stufe 7** zerkleinern. Mit dem nach unten schieben. Das Olivenöl zufügen und **3 Min. | 120 °C** **[TM31 bitte Varoma®]** | **Stufe 2** andünsten. Karotten, Sellerie sowie Pilze mit in den geben und **5 Min. | 100 °C |** **| Stufe 1** andünsten.

2 | Basilikum, bis auf etwas zum Garnieren, Linsen, Tomatenmark, Tomaten, Oregano, Wasser sowie Gewürzpaste unterrühren und alles **25 Min. | 100 °C |** **| Stufe 1** köcheln lassen. Dann mit Salz und Pfeffer würzen.

3 | Währenddessen die Nudeln in einem separaten Topf nach Packungsangabe bissfest garen. Die fertigen Nudeln mit der Bolognese auf Tellern anrichten, mit Basilikum garnieren und servieren.

>TIPP Falls es mal schnell gehen soll, könnt ihr auch Linsen aus der Konserve verwenden. Im Gegensatz zu getrockneten Linsen müssen sie meistens nur noch 5–10 Min. köcheln.

>LINSEN Es muss nicht immer Fleisch sein! Mit Linsen könnt ihr sowohl Hackfleisch also auch Sojahack wunderbar ersetzen. Und das Tolle: Die Hülsenfrüchte liefern jede Menge Eiweiß und Ballaststoffe. Mehr schmackhafte fleischlose Alternativen für Hack haben wir auf Seite 84 für euch.

Auf unserem YouTube-Channel mixen wir eine Bolognese mit Veggie-Hack. Hier entlang!

Scan mich

Vollkornrigatoni mit Steinpilzen und Gorgonzola

00 25
std : min

LOW CARB LOW FAT

PRO PORTION: 639 KCAL | 25 G E | 25 G F | 67 G KH
ZUTATEN FÜR 4 PERSONEN

- **400 g Vollkornrigatoni**
- **Salz**
- **2 Schalotten**
- **2 Knoblauchzehen**
- **20 g natives Olivenöl extra**
- **500 g Steinpilze, gewürfelt**
- **100 g Weißwein**
- **100 g Sahne**
- **1 EL Schmand**
- **frisch gemahlener schwarzer Pfeffer**
- **1 EL Petersilie, fein gehackt**
- **Blättchen von 3 Zweigen Thymian**
- **75 g Gorgonzola**

1 | Die Pasta nach Packungsangabe in reichlich kochendem Salzwasser bissfest garen. Schalotten mit Knoblauch in den geben und **5 Sek. | Stufe 7** zerkleinern. Mit dem nach unten schieben.

2 | Olivenöl mit Pilzen zufügen und alles **3 Min. | 120°C** [TM31 bitte Varoma®] | **Stufe 2** andünsten. Mit Wein ablöschen, Sahne, Schmand, je 1 Prise Salz und Pfeffer, Petersilie sowie Thymian zugeben und **5 Min. | 100°C |** | köcheln lassen.

3 | Nudeln in tiefen Tellern anrichten, die Soße darauf verteilen, den Gorgonzola darübergeben und servieren. Nach Belieben mit Thymian garnieren.

>**VARIANTE** Anstelle von Steinpilzen könnt ihr auch braune Champignons verwenden, diese je nach Größe zuvor in Viertel schneiden.

Foto: StockFood/Bors, Monika

FIX

ONE-POT-PASTA

Foto: siehe Seite 52

ONE-POT-PASTA

Diese Familienlieblinge sind herrlich einfach zubereitet

GUTES AUS DEM MIXTOPF

Lasagnesuppe

01 | 00 std : min

LOW CARB LOW FAT

PRO PORTION: 450 KCAL | 26 G E | 25 G F | 32 G KH

ZUTATEN FÜR 4 PERSONEN

- 1 Zwiebel, halbiert
- 2 Knoblauchzehen
- 40 g natives Olivenöl extra
- 400 g Rinderhackfleisch
- 1 EL Tomatenmark
- Salz
- ½ TL frisch gemahlener schwarzer Pfeffer
- ½ TL frisch geriebene Muskatnuss
- ½ TL edelsüßes Paprikapulver
- ½ TL Currypulver
- 500 g Wasser
- 2 TL Gemüse-Gewürzpaste
- 250 g Tomaten, passiert
- 150 g Lasagneblätter, in Streifen gebrochen
- Blättchen von 2 Zweigen Thymian
- Nadeln von 1 Zweig Rosmarin
- Blättchen von 2 Stielen Basilikum

1 | Zwiebel mit Knoblauch in den geben, **5 Sek.** | **Stufe 5** zerkleinern und mit dem nach unten schieben. Öl zufügen und **3 Min.** | **Varoma®** | **Stufe 1** ohne Messbecher dünsten. Hackfleisch zugeben, mithilfe des unterheben und **6 Min.** | **120 °C** **[TM31 bitte Varoma®]** | | andünsten. Tomatenmark sowie Gewürze zufügen, **2 Min.** | **120 °C** **[TM31 bitte Varoma®]** | | mitgaren.

2 | Wasser, Gewürzpaste und Tomaten angießen, den Garkorb als Spritzschutz auf den Deckel stellen und alles **30 Min.** | **100 °C** | | köcheln lassen.

3 | Die Lasagneblätter in die Suppe geben und alles mit dem vermengen. Anstelle des Messbechers den Garkorb als Spritzschutz auf den Deckel des stellen und **10 Min.** | **100 °C** | | **Stufe 0,5** garen Die Suppe mit den Kräutern garniert servieren.

>FORMSCHÖN Damit die Lasagneblätter schön gleichmäßig gebrochen werden, ist es ratsam, sie vorher mit einem scharfen Messer anzuschneiden bzw. anzuritzen. So brechen sie leicht an den gewünschten Stellen ab.

SICHERE SACHE

Der Garkorb dient euch hier als Kochhelfer. Die Vorteile: Die Flüssigkeit kann verdampfen, die Soße wird dadurch nach und nach sämiger. Außerdem spritzt nichts durch die Deckelöffnung!

EASY

Farfalle mit Lachs-Dill-Soße

00 25
std : min

LOW CARB LOW FAT

PRO PORTION: 790 KCAL | 35 G E | 30 G F | 98 G KH

ZUTATEN FÜR 4 PERSONEN

- **1 Schalotte, halbiert**
- **20 g natives Olivenöl extra**
- **500 g Wasser**
- **1 TL Gemüse-Gewürzpaste**
- **200 g Crème fraîche**
- **½ TL Salz**
- **350 g Farfalle**
- **350 g Lachsfilet, in Würfeln**
- **Spitzen von 5 Stielen Dill, fein gehackt**
- **frisch gemahlener schwarzer Pfeffer**

1 Schalotte im Mixtopf **5 Sek. | Stufe 5** zerkleinern und mit dem Spatel nach unten schieben. Das Öl zugeben und **2 Min. | Varoma® | Stufe 1** glasig andünsten. Wasser, Gewürzpaste, Crème fraîche sowie Salz zufügen und **5 Min. | 100°C | Stufe 2** aufkochen.

2 Farfalle in den Mixtopf geben und ohne Messbecher **5 Min. | 100°C |** Linkslauf **|** Sanftrührstufe garen. Lachs sowie die Hälfte vom Dill zufügen, alles mithilfe des Spatels vermengen und **6 Min. | 100°C |** Linkslauf **|** Sanftrührstufe zu Ende garen. Ggf. die Packungsangabe der Nudeln beachten.

3 Pasta in tiefe Teller verteilen, mit etwas Pfeffer bestreuen und mit dem restlichen Dill garniert servieren.

>DAS RICHTIGE ÖL Neben Olivenöl könnt ihr auch Rapsöl oder Butterschmalz zum Andünsten verwenden. Öle aus Nüssen solltet ihr nicht zu stark erhitzen, da sonst ihre wertvollen Inhaltsstoffe zerstört werden.

ZURÜCK ZUM BODEN

Nach dem Zerkleinern von Zwiebeln werden diese mit dem Spatel wieder in Richtung Mixmesser nach unten geschoben. Dieser Schritt ist wichtig, damit die Zwiebelstücke nicht am Rand haften bleiben, sondern an die Soße gelangen und diese die Aromen der Zwiebelstücke beim Kochen und Rühren aufnimmt.

Zitronen-Thunfisch-Pasta

00 25 std : min

LOW CARB LOW FAT

PRO PORTION: 689 KCAL | 31 G E | 23 G F | 91 G KH
ZUTATEN FÜR 4 PERSONEN

- 30 g Parmesan
- 1 rote Zwiebel, halbiert
- 20 g natives Olivenöl extra
- 600 g Wasser
- 1½ TL Gemüse-Gewürzpaste
- 400 g Kirschtomaten, halbiert
- 400 g Pasta (z. B. Rigatoni)
- 220 g Thunfisch in Öl (Dose), abgetropft
- 30 g Mascarpone
- 20 g Kapern
- Saft und Abrieb von ½ unbehandelten Zitrone
- Blättchen von 4 Stielen Petersilie, gehackt
- Salz
- frisch gemahlener schwarzer Pfeffer

1 | Den Parmesan einwiegen, **10 Sek. | Stufe 10** zerkleinern und umfüllen. Zwiebel im Mixtopf **5 Sek. | Stufe 5** zerkleinern und mit dem Spatel nach unten schieben. Öl zugeben und **3 Min. | 120 °C [TM31 bitte Varoma®] | Stufe 2** andünsten. Wasser, Gemüse-Gewürzpaste sowie ⅔ der Tomaten zufügen und **8 Min. | 100 °C | Linkslauf | Stufe 1** aufkochen. Die Nudeln zugeben und alles **7 Min. | 100 °C | Linkslauf | Stufe 0,5** garen.

2 | Übrige Tomaten mit den restlichen Zutaten in den Mixtopf einwiegen, mit dem Spatel vermengen und weitere **5 Min. | 100 °C | Linkslauf | Stufe 1** köcheln lassen.

3 | Die Pasta mit Salz und Pfeffer abschmecken, kurz durchziehen lassen, in tiefe Teller verteilen, mit Pfeffer bestreuen und servieren.

>THUNFISCH Es ist völlig in Ordnung, Thunfisch aus der Dose zu verwenden. Allerdings solltet ihr hier auf die Qualität achten. Ein Bio- und/oder Umwelt-Siegel zeigt euch an, dass es sich um nachhaltige Fischerei handelt.

FIX

EASY

One-Pot-Schinken-Nudeln

00 25 std : min

PRO PORTION: 656 KCAL | 32 G E | 25 G F | 78 G KH
ZUTATEN FÜR 4 PERSONEN

- **100 g Emmentaler, in Stücken**
- **1 Zwiebel, halbiert**
- **2 Knoblauchzehen**
- **20 g natives Olivenöl extra**
- **200 g Kochschinken, in kleinen Würfeln**
- **650 g Wasser**
- **1 TL Salz**
- **400 g Makkaroni**
- **120 g Sahne**
- **¼ TL frisch geriebener schwarzer Pfeffer**
- **¼ TL frisch geriebene Muskatnuss**

1 | Käse in den geben, **10 Sek. | Stufe 8** zerkleinern und umfüllen. Zwiebel mit Knoblauch in den geben, **6 Sek. | Stufe 5** zerkleinern, mit dem nach unten schieben. Olivenöl und Schinkenwürfel zufügen, **3 Min. | 120 °C** **[TM31 bitte Varoma®]** | | **Stufe 1** andünsten.

2 | Wasser sowie Salz zufügen und **4 Min. | 100 °C** | | **Stufe 2** aufkochen. Die Nudeln in den füllen und **8 Min. | 100 °C** | | garen.

3 | Sahne und ⅔ des geriebenen Käses zugeben, **3 Min. | 100 °C** | | zu Ende garen. Alles mit Pfeffer und Muskatnuss abschmecken, auf 4 Teller verteilen und mit restlichem Käse bestreut servieren.

Appetit auf mehr?
WWW.PINTEREST.DE/MEINZAUBERTOPF

Tortellinisuppe mit Champignons

00 35 std : min

PRO PORTION: 683 KCAL | 24 G E | 29 G F | 80 G KH
ZUTATEN FÜR 4 PERSONEN

- ★ **30 g Parmesan**
- ★ **1 rote Zwiebel, halbiert**
- ★ **2 Knoblauchzehen**
- ★ **20 g Butter**
- ★ **80 g Bacon, in Stücken**
- ★ **80 g Weißwein, trocken**
- ★ **1000 g Wasser**
- ★ **1½ TL Gemüse-Gewürzpaste**
- ★ **100 g Frischkäse**
- ★ **100 g Sahne**
- ★ **400 g Tortellini**
- ★ **200 g Champignons, halbiert**
- ★ **20 g Babyspinat**
- ★ **Blättchen von 5 Zweigen Thymian**
- ★ **Blättchen von 5 Stielen Petersilie, gehackt**
- ★ **½ TL Salz**
- ★ **¼ TL frisch gemahlener schwarzer Pfeffer**
- ★ **¼ TL frisch geriebene Muskatnuss**

1 | Parmesan in den geben und **10 Sek. | Stufe 10** zerkleinern und umfüllen. Zwiebel und Knoblauch im **5 Sek. | Stufe 5** zerkleinern und mit dem nach unten schieben. Butter zufügen, **2 Min. | 100 °C | Stufe 1** erhitzen. Bacon in den geben, **3 Min. | Varoma® | | Stufe 2** andünsten.

2 | Den Wein zugeben und ablöschen. Wasser, Gemüse-Gewürzpaste, Frischkäse sowie Sahne in den geben und **10 Min. | 100 °C | | Stufe 2** aufkochen. Tortellini mit Champignons zufügen und **Zeiteinstellung nach Packungsangabe 100 °C | |** garen. 1 Min. vor Ende der Garzeit Spinat und die Hälfte vom Thymian mithilfe des untermischen.

3 | Parmesan und Petersilie mit dem einrühren, mit Salz, Pfeffer und Muskat würzen. Die Tortellinisuppe auf 4 Teller verteilen und mit dem übrigen Thymian garniert servieren.

>VARIANTE Je nach Wahl der Tortellini erhält diese Suppe einen anderen Geschmack. Probiert, was euch schmeckt! Gut eignen sich auf jeden Fall Tortellini mit Frischkäsefüllung.

GENUSS

Bei der Wahl des Weins solltet ihr darauf achten, dass ihr einen qualitativ guten Wein wählt, den ihr auch gerne trinkt. So erhaltet ihr das perfekte Geschmackserlebnis!

EASY

One-Pot-Penne mit Paprika-Salami-Soße

00 25 std : min

LOW CARB LOW FAT

PRO PORTION: 531 KCAL | 21 G E | 14 G F | 82 G KH
ZUTATEN FÜR 4 PERSONEN

- **50 g Parmesan, in Stücken**
- **2 Knoblauchzehen**
- **20 g natives Olivenöl extra**
- **500 g Wasser**
- **400 g passierte Tomaten**
- **200 g geröstete Paprika (Glas), abgetropft, in Stücken**
- **1 TL Salz**
- **1 Prise Zucker**
- **2 EL edelsüßes Paprikapulver**
- **400 g Penne**
- **50 g Salami, in Streifen**

1 Parmesan einwiegen, **10 Sek. | Stufe 10** zerkleinern und umfüllen. Den Knoblauch in den Mixtopf geben, **3 Sek. | Stufe 8** zerkleinern und mit dem Spatel nach unten schieben. Öl zufügen und **3 Min. | 120°C [TM31 bitte Varoma®] | Stufe 2** andünsten.

2 Wasser, Tomaten, geröstete Paprika, Salz, Zucker sowie Paprikapulver in den Mixtopf füllen, **5 Min. | 100°C | Stufe 2** aufkochen, dabei den Garkorb als Spritzschutz auf den Deckel stellen. Penne zufügen und **12 Min. | 100°C | Linkslauf | Stufe 0,5** garen.

3 Die Pasta auf 4 Teller verteilen, Salamistreifen daraufgeben und mit Parmesan bestreut servieren.

>**VARIANTE** Anstatt der Salami könnt ihr auch Chorizo verwenden. Die Salami-ähnliche Wurst wird mit Knoblauch und Paprika verfeinert und ist vom Geschmack würziger.

>**PARMESAN** Wenn ihr mal zu viel zerkleinert habt, könnt ihr Parmesan einfach einfrieren. Sammelt die Reste in einem Tiefkühlbehälter und verwendet sie nach Bedarf.

Minestrone

00 30 std : min

LOW CARB · LOW FAT

PRO PORTION: 452 KCAL | 20 G E | 14 G F | 64 G KH
ZUTATEN FÜR 4 PERSONEN

- **100 g Parmesan, in Stücken**
- **1 Zwiebel, halbiert**
- **1 Knoblauchzehe**
- **20 g natives Olivenöl extra**
- **2 EL Tomatenmark**
- **800 g Wasser**
- **1½ TL Gemüse-Gewüzpaste**
- **2 Karotten, in Scheiben**
- **1 Prise Salz**
- **2 Prise frisch gemahlener schwarzer Pfeffer**
- **1 Prise edelsüßes Paprikapulver**
- **1 Prise Chilipulver**
- **1 kleine Zucchini, in Stücken**
- **100 g Erbsen (TK), aufgetaut**
- **100 g Mais (Dose)**
- **250 g kleine Suppennudeln (z.B. Anelli)**
- **250 g Kirschtomaten, halbiert**
- **Basilikum, für die Garnitur**

1 | Parmesan einwiegen, **10 Sek. | Stufe 10** zerkleinern und umfüllen. Zwiebel mit Knoblauch im Mixtopf **5 Sek. | Stufe 5** zerkleinern und mit dem Spatel nach unten schieben. Öl sowie Tomatenmark zufügen und **3 Min. | Varoma® | Stufe 2** andünsten. Wasser mit Gemüse-Gewürzpaste zugeben und **5 Min. | 100 °C | Stufe 2** aufkochen.

2 | Karotten zufügen, mit Salz, Pfeffer, Paprika und Chili würzen, **8 Min. | 90 °C | Linkslauf | Stufe 0,5** köcheln lassen. Zucchini, Erbsen, Mais sowie Nudeln zufügen, mit dem Spatel umrühren und weitere **10 Min. | 100 °C | Linkslauf | Stufe 0,5** köcheln lassen. Nach der Hälfte der Zeit die Tomaten zugeben und mitgaren.

3 | ⅓ vom Parmesan mithilfe des Spatels unter die Suppe rühren. Nochmals abschmecken und auf Teller verteilen. Nach Belieben mit Basilikum garnieren und mit restlichem Parmesan bestreut sofort heiß servieren.

>**TIPP** Zu der Minestrone könnt ihr ein Vollkornbaguette mit etwas selbst gemachtem Pesto reichen. Rezepte für leckere selbst gemixte Varianten findet ihr ab Seite 130.

>**MINESTRONE** Sie ist die klassische italienische Suppe schlechthin – was man schon am Namen erkennt, denn minestra bedeutet auf Deutsch Suppe. Jede Region hat ihr eigene Art der Zubereitung. Probiert einfach aus, was euch schmeckt, auch Schinken, Paprika oder Auberginen passen prima in eine Minestrone!

FIX

TITELREZEPT
EASY

Familien-One-Pot „Penne Italia“

00 30
std : min

LOW CARB LOW FAT

PRO PORTION: 518 KCAL | 21 G E | 19 G F | 84 G KH

ZUTATEN FÜR 4 PERSONEN

- **50 g Gouda, in Stücken**
- **1 Zwiebel, halbiert**
- **1 Knoblauchzehe**
- **20 g natives Olivenöl extra**
- **1 EL Tomatenmark**
- **750 g Wasser**
- **Salz**
- **frisch gemahlener schwarzer Pfeffer**
- **1 TL getrockneter Oregano**
- **400 g stückige Tomaten (Dose)**
- **400 g Penne**
- **400 g Brokkoli, in Röschen**
- **Blättchen von ½ Bund Basilikum**

1 | Gouda in den geben, **10 Sek. | Stufe 8** zerkleinern und umfüllen. Zwiebel mit Knoblauch in den geben, **5 Sek. | Stufe 5** zerkleinern und mit dem nach unten schieben. Öl mit Tomatenmark zufügen und **3 Min. | 120 °C** [TM31 bitte Varoma®] | **Stufe 2** andünsten. Wasser, 1 ½ TL Salz, ½ TL Pfeffer, Oregano sowie Tomaten in den geben und **9 Min. | 100 °C | Stufe 2** aufkochen.

2 | Nudeln in den geben und **Zeit nach Packungsangabe 100 °C | | Stufe 0,5** garen. Die Brokkoliröschen zufügen, mit dem unterrühren und für **4 Min. | 100 °C | |** kochen.

3 | Pasta mit Salz und Pfeffer abschmecken, auf Teller anrichten. Mit Gouda und Basilikum bestreut servieren.

>**TIPP** Kids lieben Pasta mit Tomatensoße. Um mehr Vitamine in die Lieblingsspeise zu „mogeln“, haben wir Brokkoli verarbeitet. Die rot-grün-weiße Pasta ist so ein echtes Vollwertgericht für die ganze Familie. Und: Mit nur 30 Minuten Zubereitungszeit zusätzlich familienfreundlich.

TOMATENMARK

Tomatenmark gibt Aroma-Power! Dünstet es stets zu Beginn der Soßenzubereitung mit Öl und Zwiebeln im an. Denn: Das konzentrierte Mark ist pur leicht säuerlich und mineralisch im Geschmack. Durch das Andünsten verflüchtigt sich dies und das volle Aroma entfaltet sich dabei.

Fotos: StockFood/für ZS Verlag; Archiv

RATGEBER

SORTEN 1×1

Kurz, lang, gedreht oder glatt – je nach Soße und Gericht verwenden wir unterschiedliche Pastasorten. Warum, erfahrt ihr hier!

GEWUSST WIE

Hausgemacht, aus dem Kühlregal oder herkömmliche trockene Pasta aus der Tüte – sie alle schmecken ähnlich, erfüllen aber ganz unterschiedliche Funktionen in euren Gerichten. Schaut, welches Gericht ihr zubereiten möchtet, welche Soße dabei verwendet wird und wie lange die Pasta gekocht oder anschließend noch gegart bzw. gebacken wird, und entscheidet euch dann für die passende Sorte!

FORMVOLLENDET

Ihr wollt etwas Besonderes kochen? Wie wäre es mit einer Portion Pastaherzen? Aus einer Portion Frischteiglasagne oder selbst gemachten Lasagneplatten (siehe Seite 9) könnt ihr mithilfe von Ausstechförmchen eure Lieblingsformen ausstechen. Besonders elegant: Ravioli in Herzform – vielleicht sogar rot gefärbt? Das Rezept für diese Herzravioli findet ihr unter www.zaubertopf-club.de!

SORTEN UND SOSSEN

Kurze, kompakte Sorten wie Penne, Fusilli oder Farfalle behalten ihre Konsistenz beim Kochen und im fertigen Gericht länger, daher eignen sie sich ideal für One-Pot-Gerichte und Aufläufe. In ihren Rillen oder Öffnungen haften zudem stückige Soßen mit viel Fleisch oder Gemüse sehr gut. **Lange, glatte** Sorten wie Spaghetti und Bandnudeln passen vor allem zu cremigen, feineren Soßen sowie Pestos und Ölen, die schnell die gesamte Portion Pasta umgeben. Unser Tipp: Gebt nach dem Kochen weder Butter noch Öl an eure Spaghetti, denn sonst haftet die Soße nicht mehr an ihnen!

ZEIT SPAREN

Am schnellsten sind Nudeln gekocht, die besonders klein und dünn sind. Schaut nach Sorten wie Capellini – das sind sehr dünne Spaghetti. Sie brauchen beispielsweise nur sagenhafte zwei Minuten! Alternativ sind auch Frischteignudeln ebenso schnell gar.

FAUSTREGEL

Wählt die passende Pasta zur Soße! Je feiner die Soße, desto feiner am besten auch die Nudelsorte.

IM SALAT

Kurze Pasta nimmt cremige Soßen wie Joghurt- und Mayodressing gut auf. Zudem lässt sie sich gut portionieren. Perfekt fürs Büfett und zum Mitnehmen! Spaghetti oder Glasnudeln kombiniert ihr am besten mit Dressing auf Öl-, Essig- oder Sojasoßenbasis.

AUS DEM OFEN

Ofen-Tortellini

Nudel-Gemüse-Auflauf
mit Kochschinken

Kräuter-Ricotta-Cannelloni

Lasagne bolognese

Chicken-Cheese-Makkaroni

Italienischer Rigatoni-Wurst-Auflauf

Spaghetti-Carbonara-Auflauf

Muschelnudelauflauf „Spinaci e Ricotta"

Arrabbiata-Auflauf

Foto: siehe Seite 72

HEISSE OFENLIEBE

Kräftige Füllungen mit knusprigem Käse – hier kommen die besten Nudelaufläufe

FÜR DIE GANZE FAMILIE

Ofen-Tortellini

00 35 std : min

LOW CARB LOW FAT

PRO PORTION: 858 KCAL | 38 G E | 41 G F | 86 G KH

ZUTATEN FÜR 4 PERSONEN

- **500 g Tortellini (Kühlregal)**
- **Salz**
- **100 g Cheddar, in Stücken**
- **100 g Gruyère, in Stücken**
- **100 g Zwiebel, halbiert**
- **1 EL weiche Butter**
- **½ TL brauner Zucker**
- **200 g Sahne**
- **150 g Wasser**
- **½ TL Gemüse-Gewürzpaste**
- **frisch gemahlener schwarzer Pfeffer**
- **2 Spritzer Tabasco**
- **100 g gekochter Schinken, in Würfeln**
- **2 EL Schnittlauchröllchen**

1 | Tortellini auf dem Herd in einem Topf mit kochendem Salzwasser nach Packungsanweisung garen und im Sieb abgießen. Cheddar und Gruyère in den Mixtopf geben, **2 Sek. | Stufe 8** zerkleinern und umfüllen.

2 | Zwiebel in den Mixtopf geben, **5 Sek. | Stufe 5** zerkleinern und mit dem Spatel nach unten schieben. Butter mit Zucker zufügen. Ohne Messbecher **5 Min. | Varoma® | Stufe 1** dünsten. Sahne mit Wasser und Gewürzpaste zugeben, **6 Min. | 90 °C | Stufe 2** garen. Inzwischen die Tortellini in einer Auflaufform verteilen. Den Backofen auf 200 °C Ober-/Unterhitze vorheizen.

3 | Den Käse in den Mixtopf geben und **20 Sek. | Stufe 7** untermixen. Die Käsesoße mit 2 Prisen Salz, 2 Prisen Pfeffer sowie Tabasco abschmecken. Den Schinken zugeben und die Soße über die Tortellini gießen. Auf der mittleren Schiene 15–20 Min. backen. Mit Schnittlauch und Pfeffer bestreuen und servieren.

>TIPP Anstelle von Gruyère könnt ihr auch Cheddar oder Gouda verwenden. Je älter die jeweilige Käsesorte ist, desto intensiver und würziger ist auch der Geschmack.

HERRLICH CREMIG

Die Sahne in Kombination mit der Gewürzpaste und dem Wasser ist die Basis für eine sämige Käsesoße. Die Flüssigkeit umhüllt den Käse und lässt ihn gleichmäßig schmelzen. Euer Thermomix® sorgt indes für eine gleichbleibende Temperatur.

EASY

Nudel-Gemüse-Auflauf mit Kochschinken

01 00 std : min

LOW CARB LOW FAT

PRO PORTION: 693 KCAL | 36 G E | 42 G F | 44 G KH

ZUTATEN FÜR 4 PERSONEN

- ★ **150 g Bergkäse, in Stücken**
- ★ **2 Zwiebeln, halbiert**
- ★ **20 g Rapsöl**
- ★ **300 g Karotten, in Stücken**
- ★ **500 g Zucchini, in Stücken**
- ★ **2 TL getrocknete italienische Kräuter**
- ★ **1 TL Salz**
- ★ **1 TL Gemüse-Gewürzpaste**
- ★ **200 g kochendes Wasser**
- ★ **250 g Sahne**
- ★ **400 g stückige Tomaten (Dose)**
- ★ **250 g Kochschinken, gewürfelt**
- ★ **300 g kurze Nudeln (z. B. Gemelli)**

1 | Käse in den Mixtopf geben, **3 Sek. | Stufe 10** zerkleinern und umfüllen.

2 | Zwiebeln in den Mixtopf geben, **5 Sek. | Stufe 5** zerkleinern und mit dem Spatel nach unten schieben. Öl zufügen und **3 Min. | 120 °C** **[TM31 bitte Varoma®]** | **Stufe 1** dünsten. Karotten und Zucchini zugeben, **5 Sek. | Stufe 4,5** zerkleinern und mit dem Spatel nach unten schieben. Weitere **3 Min. | 120 °C** **[TM31 bitte Varoma®]** | Linkslauf | **Stufe 1** dünsten. In dieser Zeit den Backofen auf 200 °C Ober-/Unterhitze vorheizen.

3 | Getrocknete Kräuter, Salz, Gewürzpaste, Wasser, Sahne und Tomaten zufügen und **5 Min. | 120 °C** **[TM31 bitte Varoma®]** | Linkslauf | **Stufe 1** kochen. Schinken mit Nudeln zugeben und mithilfe des Spatels **15 Sek. |** Linkslauf **| Stufe 2** mischen. Hälfte vom Käse zufügen und mithilfe des Spatels **15 Sek. |** Linkslauf **| Stufe 2** mischen.

4 | Masse in eine Auflaufform geben und mit dem restlichen Käse bestreuen. Auf dem Rost in der Ofenmitte 35 Min. backen. Auflauf vor dem Anschneiden auf einem Gitter 10 Min. abkühlen lassen.

KNUSPRIG

Hartkäsesorten wie Bergkäse eignen sich perfekt für eine knusprige, goldgelbe Käsekruste. Wenn ihr noch ein paar Semmelbrösel untermischt, wird es noch besser. Auch gehackte Nüsse schmecken fantastisch!

Fotos: Jorma Gottwald; Archiv

Kräuter-Ricotta-Cannelloni

01 | 10
std : min

LOW CARB LOW FAT

PRO PORTION: 539 KCAL | 29 G E | 26 G F | 48 G KH
ZUTATEN FÜR 4 PERSONEN

- **100 g Pecorino**
- **Blättchen von 2 Bund gemischten Kräutern, z.B. Petersilie, Rosmarin, Thymian, Schnittlauch, Basilikum**
- **500 g Ricotta**
- **1 Eigelb**
- **Salz**
- **3 Prisen frisch gemahlener schwarzer Pfeffer**
- **16 Cannelloni**
- **1 Zwiebel, halbiert**
- **2 Knoblauchzehen**
- **20 g natives Olivenöl extra zzgl. etwas mehr zum Fetten der Form**
- **800 g passierte Tomaten**
- **30 g Tomatenmark**
- **10 g Zucker**

1 | Den Pecorino in den Mixtopf geben und **10 Sek. | Stufe 10** zerkleinern, umfüllen.

2 | Kräuter **3 Sek. | Stufe 8** zerkleinern und mit dem Spatel nach unten schieben. 3 EL der Kräuter beiseitestellen. Ricotta, Eigelb, 30 g Pecorino, 1 Prise Salz und Pfeffer in den Mixtopf geben, **20 Sek. | Stufe 3** vermengen und anschließend umfüllen.

3 | Cannelloni in reichlich kochendem Salzwasser 5 Min. vorgaren, dann quer halbieren.

4 | In der Zwischenzeit Zwiebel und Knoblauch in den Mixtopf geben, **7 Sek. | Stufe 6** zerkleinern und mit dem Spatel herunterschieben. Olivenöl hinzufügen und **3 Min. | 100 °C | Stufe 2** dünsten. Tomaten, Tomatenmark, 30 g Pecorino, 2 EL Kräuter, Zucker, Salz sowie Pfeffer zugeben und **10 Min. | 100 °C | Stufe 1** garen.

5 | Den Backofen auf 200 °C Ober-/Unterhitze vorheizen. Eine Auflaufform mit Olivenöl einfetten. Etwas Tomatensoße in die Auflaufform geben und verstreichen. Halbierte Cannelloniröllchen mit der Öffnung nach oben auf die Soße setzen.

6 | Kräuter-Ricotta-Masse in einen Spritzbeutel geben und die Cannelloniröllchen damit füllen. Die übrige Soße zugeben und alles mit dem restlichen Pecorino bestreuen. Die Cannelloni 35–40 Min. im vorgeheizten Ofen garen. Aus dem Ofen nehmen, kurz ruhen lassen und mit den restlichen Kräutern garniert servieren.

>TIPP Wer möchte, kann zur Cannellonifüllung noch einige gebratene, abgekühlte Pancettawürfel geben.

Lasagne bolognese

02 00 std : min

LOW CARB LOW FAT

PRO PORTION: 985 KCAL | 59 G E | 59 G F | 52 G KH

ZUTATEN FÜR 8 PERSONEN

- **½ Bund gemischte Kräuter (z.B. Oregano, Rosmarin)**
- **200 g Parmesan**
- **500 g Mozzarella, in Scheiben**
- **2 Knoblauchzehen**
- **1 Zwiebel, halbiert**
- **4 EL natives Olivenöl extra**
- **1000 g gemischtes Hackfleisch**
- **Salz**
- **20 g Tomatenmark**
- **700 g stückige Tomaten (Dose)**
- **150 g Rotwein**
- **frisch gemahlener schwarzer Pfeffer**
- **75 g Butter, in Stücken**
- **60 g Mehl Type 405**
- **500 g Milch**
- **frisch geriebene Muskatnuss**
- **375 g Lasagneplatten**

1 | Kräuter in den geben, **3 Sek. | Stufe 8** zerkleinern und umfüllen. Den Parmesan in den geben, **12 Sek. | Stufe 10** zerkleinern und ebenfalls umfüllen. 250 g Mozzarella einwiegen, **3 Sek. | Stufe 5** zerkleinern und umfüllen.

2 | Knoblauch und Zwiebel in den geben, **6 Sek. | Stufe 7** zerkleinern, mit dem nach unten schieben. 3 EL Olivenöl zufügen, alles **5 Min. | 120°C [TM31 bitte Varoma®] | Stufe 2** garen. Inzwischen das Hackfleisch in einer Pfanne mit 1 EL Öl krümelig anbraten und mit ½ TL Salz würzen. Tomatenmark zufügen, kurz mitbraten.

3 | Fleisch, Tomaten, Rotwein, Kräuter, ½ TL Salz und 3 Prisen Pfeffer in den geben, mit dem vermengen und **20 Min. | 100°C | Stufe 1** ohne Messbecher kochen. Dabei den Garkorb als Spritzschutz auf den stellen. Die Bolognese umfüllen, den spülen.

4 | Den Ofen auf 180 °C Ober-/Unterhitze vorheizen. Butter in den geben, **3 Min. | 100°C | Stufe 1** schmelzen. Mehl zufügen, **3 Min. | 100°C | Stufe 1** dünsten. Milch, ¼ TL Salz, 1 Prise Pfeffer, Muskatnuss sowie 250 g zerkleinerten Mozzarella hinzugeben und **6 Min. | 90°C | Stufe 3** köcheln.

5 | Etwas Béchamelsoße dünn auf dem Boden einer großen Auflaufform verteilen. Abwechselnd Lasagneplatten, Bolognese und Béchamelsoße einschichten. Mit Lasagneplatten und Béchamelsoße abschließen. Lasagne mit Rest Mozzarella belegen und den Parmesan darüberstreuen. Im heißen Ofen etwa 45 Min. backen.

>TIPP Für eine Spaghetti-Lasagne genau gleich verfahren, nur statt Nudelplatten zum Schichten sehr bissfest gegarte Spaghetti verwenden und nach Belieben in eine runde Form schichten.

>VEGETARISCH Für eine fleischlose Variante ersetzt ihr das Hackfleisch beispielsweise durch Soja-Hack. Mehr zum Thema Hackfleisch-Ersatz gibt es auf Seite 84.

Chicken-Cheese-Makkaroni

00 55
std : min

LOW CARB LOW FAT

PRO PORTION: 929 KCAL | 56 G E | 37 G F | 94 G KH

ZUTATEN FÜR 4 PERSONEN

- **1500 g Wasser**
- **Salz**
- **400 g Makkaroni**
- **300 g Brokkoli, in Röschen**
- **Blättchen von ¼ Bund Petersilie**
- **80 g Parmesan, in Stücken**
- **30 g Butter zzgl. etwas mehr zum Fetten der Form**
- **30 g Mehl Type 405**
- **750 g Milch**
- **50 g Schinkenspeck, in Streifen**
- **300 g Hähnchenbrustfilet, in Würfeln**
- **100 g Erbsen (TK)**
- **30 g Pankobrösel**
- **125 g Mozzarella, in Stücken**

1 | Wasser in den geben und **14 Min. | Varoma® | Stufe 1** aufkochen. 2 TL Salz und die Makkaroni durch die Deckelöffnung zufügen. Den Varoma® aufsetzen, Brokkoli hineingeben und den Varoma® verschließen. Die Nudeln **nach Packungsangabe plus 1 Min. | Varoma® | | Stufe 1** kochen. Den Varoma® absetzen und den Brokkoli abschrecken. Die Nudeln abgießen und ausdampfen lassen. Den spülen.

2 | Petersilie in den geben, **3 Sek. | Stufe 8** zerkleinern und umfüllen. Parmesan in den geben, **10 Sek. | Stufe 5** zerkleinern und ebenfalls umfüllen. Butter einwiegen, **3 Min. | 100 °C | Stufe 1** schmelzen. Mehl zufügen, **3 Min. | 100 °C | Stufe 1** dünsten. Milch hinzugeben und **6 Min. | 90 °C | Stufe 4** köcheln lassen.

3 | In der Zwischenzeit Speckstreifen ohne Fettzugabe in der Pfanne knusprig ausbacken. Das Hähnchenfleisch zugeben und kurz mitbraten.

4 | Den Backofen auf 220 °C Ober-/Unterhitze vorheizen und eine Auflaufform (Ø ca. 20 cm) mit Butter einfetten. Nudeln, Brokkoli, Soße, Parmesan, Erbsen vermengen und in die Form füllen. Panko mit Petersilie und Mozzarella darüber verteilen. Im Ofen ca. 10 Min. backen.

>GUT GEBRÄUNT Der Käse sollte eine leichte Bräunung haben, dann ist er schön knusprig. Falls er im Ofen zu dunkel zu werden droht, deckt den Auflauf ab. Wenn ihr hingegen noch eine Extrabräunung zum Schluss des Backvorgangs wollt, dann schaltet kurz die Grillfunktion eures Backofens an.

EASY

EASY

Italienischer Rigatoni-Wurst-Auflauf

01 00
std : min

PRO PORTION: 903 KCAL | 39 G E | 51 G F | 75 G KH
ZUTATEN FÜR 4 PERSONEN

- ★ **30 g Parmesan**
- ★ **125 g Mozzarella**
- ★ **1 Zwiebel, halbiert**
- ★ **20 g natives Olivenöl extra**
- ★ **500 g Bratwurstbrät**
- ★ **400 g stückige Tomaten (Dose)**
- ★ **400 g passierte Tomaten**
- ★ **Blättchen von 4 Stielen Basilikum, grob gehackt**
- ★ **Salz**
- ★ **frisch gemahlener schwarzer Pfeffer**
- ★ **1 Prise Zucker**
- ★ **375 g Rigatoni**

1 | Parmesan **10 Sek.** | **Stufe 10** zerkleinern. Mozzarella zugeben und weitere **3 Sek.** | **Stufe 5** zerkleinern und umfüllen. Zwiebel **4 Sek.** | **Stufe 5** zerkleinern. Olivenöl zufügen, **3 Min.** | **100°C** | **Stufe 2** andünsten. Bratwurstbrät zugeben, **5 Min.** | **120°C [TM31 bitte Varoma®]** | **Stufe 2** anbraten.

2 | Stückige und passierte Tomaten, Basilikum, 1 Prise Salz und Pfeffer sowie Zucker zufügen und **10 Min.** | **90°C** | **Stufe 2** köcheln lassen.

3 | In der Zwischenzeit Backofen auf 200 °C Ober-/Unterhitze vorheizen. Die Rigatoni in reichlich kochendem Salzwasser nach Packungsanweisung garen. Mit der Tomatensoße vermengen und in einer Auflaufform (ca. 20 × 30 cm) verteilen. Mozzarella mit Parmesan darüber verteilen und den Auflauf ca. 15 Min. backen.

>TIPP Die Rigatoni werden, bevor sie in die Auflaufform gefüllt werden, vorgekocht. Denn ohne Vorkochen hätten sie noch zu viel Biss. Bei Lasagneplatten oder auch dünneren oder kleineren Nudelsorten wie bei unserem Nudel-Gemüse-Auflauf auf Seite 69 entfällt das Vorkochen ebenfalls, da ausreichend Soße vorhanden ist, in der die Pasta garen kann. Hier gilt: Die Nudeln sollten immer mit Soße bedeckt sein.

TOMATEN

Nichts geht über eine feine, tomatige Pastasoße. Heimische Tomaten gibt es in Deutschland allerdings nicht ganzjährig. Die Lösung? Dosentomaten. Sie wurden reif geerntet und abgefüllt, heißt: Sie schmecken immer und zu jeder Zeit richtig aromatisch. Greift also bedenkenlos zu!

Spaghetti-Carbonara-Auflauf

01 00 std : min

PRO PORTION: 898 KCAL | 39 G E | 42 G F | 94 G KH
ZUTATEN FÜR 4 PERSONEN

- **40 g Parmesan**
- **Blättchen von ½ Bund Petersilie**
- **2 Knoblauchzehen**
- **1 Zucchini, in Stücken**
- **150 g Schinkenwürfel, in Stücken**
- **20 g natives Olivenöl extra**
- **150 g Erbsen (TK)**
- **850 g Wasser**
- **1 TL Gemüse-Gewürzpaste**
- **250 g Sahne**
- **Salz**
- **3 Eier**
- **frisch gemahlener schwarzer Pfeffer**
- **frisch geriebene Muskatnuss**
- **500 g Spaghetti**

1 | Den Parmesan in den geben, **10 Sek. | Stufe 10** zerkleinern und umfüllen. Petersilie im **3 Sek. | Stufe 8** zerkleinern und umfüllen. Ofen auf 180 °C Ober-/Unterhitze vorheizen.

2 | Den Knoblauch im **3 Sek. | Stufe 8** zerkleinern. Zucchini zufügen und weitere **4 Sek. | Stufe 4,5** zerkleinern. Schinkenwürfel mit Olivenöl in den geben und **6 Min. | 100 °C |** | andünsten. Kurz vor Ende der Garzeit die Erbsen durch die Deckelöffnung hinzufügen und mitdünsten.

3 | 800 g Wasser im Wasserkocher aufkochen und mit der Gewürzpaste, der Sahne und ½ TL Salz in den geben. **5 Min. | 100 °C |** | aufkochen.

4 | 50 g der Flüssigkeit abnehmen, mit 50 g Wasser, den Eiern, Parmesan, Petersilie, Pfeffer und Muskatnuss in einer kleinen Schüssel verquirlen. Die auf der **Packung angegebene Kochzeit plus 3 Min. | 100 °C |** | einstellen und die Spaghetti durch die Deckelöffnung in den geben. Nach und nach mit dem vorsichtig nach unten schieben.

5 | Spaghetti in eine mit Backpapier ausgekleidete Auflaufform geben. Den Eier-Guss darüber verteilen und locker mit einer Gabel vermengen. Den Auflauf im Ofen ca. 30 Min. goldbraun backen. Den Auflauf in Stücke schneiden und servieren.

>PROFITRICK Damit ihr Aufläufe gut schneiden könnt und sie auf dem Teller nicht auseinanderfallen, lasst ihr sie nach dem Backen etwa 15 Min. abkühlen. So kann die Soße noch etwas andicken.

KRÄUTER ZERKLEINERN

Um Kräuter zu zerkleinern, müsst ihr den nach dem Parmesan-Zerkleinern nicht abspülen. Achtet darauf, dass die Kräuter trocken sind, da sie sonst am Rand des haften.

Muschelnudelauflauf „Spinaci e Ricotta“

01 00
std : min

LOW CARB LOW FAT

PRO PORTION: 812 KCAL | 39 G E | 30 G F | 99 G KH
ZUTATEN FÜR 4 PERSONEN

- ★ **100 g Parmesan, in Stücken**
- ★ **1 Zwiebel, halbiert**
- ★ **2 Knoblauchzehen**
- ★ **40 g natives Olivenöl extra**
- ★ **800 g stückige Tomaten (Dose)**
- ★ **Salz**
- ★ **frisch gemahlener schwarzer Pfeffer**
- ★ **1 TL Zucker**
- ★ **1 TL getrockneter Oregano**
- ★ **500 g Conchiglie**
- ★ **500 g Blattspinat**
- ★ **250 g Ricotta**
- ★ **Abrieb von ½ unbehandelten Zitrone**

1 | Parmesan im **10 Sek. | Stufe 10** zerkleinern und umfüllen. Zwiebel und Knoblauch im **3 Sek. | Stufe 8** fein zerkleinern, mit dem nach unten schieben. 20 g Olivenöl zufügen und **3 Min. | 100 °C | Stufe 2** dünsten. Stückige Tomaten zugeben, mit 1 Prise Salz und Pfeffer, Zucker sowie Oregano würzen und alles **10 Min. | 90 °C | Stufe 1** köcheln lassen.

2 | In der Zwischenzeit die Conchiglie in reichlich kochendem Salzwasser nach Packungsanweisung garen. Restliches Olivenöl in einer Pfanne erhitzen. Den Spinat zugeben und zusammenfallen lassen. Etwas abkühlen lassen und mit dem Ricotta in eine Schüssel geben. Mit Salz, Pfeffer und Zitronenabrieb würzen, ca. 30 g Parmesan dazugeben und gut vermischen. Ofen auf 180 °C Ober-/Unterhitze vorheizen.

3 | Tomatensoße in einer Auflaufform (ca. 20 × 30 cm) verteilen. Die Nudeln mit der Ricotta-Spinat-Masse füllen und in die Form setzen. Restlichen Parmesan darüberstreuen und den Auflauf im Ofen 20–25 Min. backen. Herausnehmen und servieren.

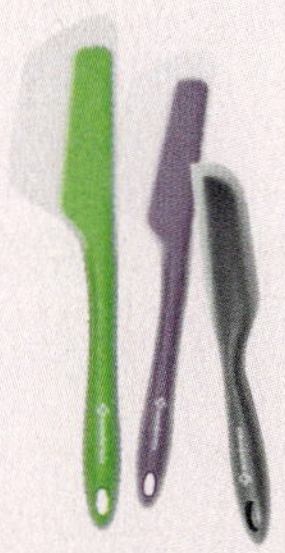

PERFEKTER HELFER

Der FlexiSpatel® lässt sich leicht am Rand des entlangführen und unter die Messer schieben. Er unterstützt euch beim Umrühren und leert den nahezu rückstandslos! Grau, grün oder lila, ab 10,95 Euro, www.zaubertopf-shop.de

Arrabbiata-Auflauf

00 55 std : min

LOW CARB LOW FAT

PRO PORTION: 778 KCAL | 34 G E | 35 G F | 85 G KH

ZUTATEN FÜR 4 PERSONEN

- ★ 50 g Parmesan, in Stücken
- ★ 250 g Mozzarella, in Stücken
- ★ 400 g Penne
- ★ Salz
- ★ 1 Zwiebel, halbiert
- ★ 3 Knoblauchzehen
- ★ 1 getrocknete Chilischote
- ★ 1 Chilischote, in Ringen
- ★ 20 g natives Olivenöl extra zzgl. etwas mehr zum Fetten der Form
- ★ 400 g stückige Tomaten (Dose)
- ★ 250 g passierte Tomaten
- ★ frisch gemahlener schwarzer Pfeffer
- ★ 1 TL getrocknete italienische Kräuter
- ★ 80 g schwarze Oliven, in Ringen
- ★ Blättchen von 3 Stielen Basilikum

1 Parmesan in den [Mixtopf] geben, **10 Sek. | Stufe 10** zerkleinern und umfüllen. Mozzarella im [Mixtopf] **3 Sek. | Stufe 5** zerkleinern und ebenfalls umfüllen. Penne in reichlich kochendem Salzwasser nach Packungsanweisung garen, beim Abgießen etwas Nudelkochwasser auffangen.

2 Inzwischen Zwiebel, Knoblauch und Chilischote im [Mixtopf] **3 Sek. | Stufe 7** zerkleinern. Mit dem [Spatel] nach unten schieben, Olivenöl zufügen und **3 Min. | 100 °C | Stufe 2** dünsten.

3 Stückige und passierte Tomaten dazugeben, alles mit 1 Prise Salz, Pfeffer und getrockneten Kräutern würzen. Die Soße **15 Min. | 90 °C | Stufe 1** köcheln lassen. In der Zwischenzeit den Ofen auf 200 °C Ober-/Unterhitze vorheizen, eine ofenfeste Form (ca. 33 × 24 cm) einfetten.

4 Die Penne mit etwas aufgefangenem Kochwasser, Oliven und Tomatensoße vermengen, abschmecken. Nudeln in die Form füllen, mit Parmesan und Mozzarella bestreuen. Im heißen Ofen ca. 35 Min. überbacken. Auflauf mit Basilikum garnieren und servieren.

RATGEBER

VEGGIE-HACK

Hafer, Linsen, Erbsen und Soja – erfahrt hier, wie die vier veganen Zutaten das klassische Hackfleisch ersetzen

Kernige Haferflocken

>**EIGENSCHAFT:** Nähr- und ballaststoffreich, enthalten wertvolle B-Vitamine, 14 g EW pro 100 g Haferflocken

>**KONSISTENZ:** Etwas weniger Biss als Hack

>**VERARBEITEN:** In der benötigten Hackfleischmenge 30 Min. im Verhältnis 3 : 1 in Gemüsebrühe einweichen, wie Hackfleisch im Thermomix® weiterverarbeiten.

>**TIPP** **Linkslauf verwenden, so behalten Haferflocken ihre Struktur und den Biss.**

Erbsen

>**EIGENSCHAFT:** Enthalten bis zu 50 g EW pro 100 g Erbsengranulat

>**KONSISTENZ:** Kommt der vom Hackfleisch sehr nahe

>**VERARBEITEN:** Wird (tief)gekühlt und bereits gewürzt oder als Granulat angeboten. Nach Packungsangabe vorbereiten, in den geben und wie Hackfleisch verarbeiten.

>**TIPP** **Fertige Soßen nicht einfrieren, sie verlieren ihre schöne Konsistenz nach dem Auftauen.**

Linsen

>**EIGENSCHAFT:** Fettarm, nähr- und ballaststoffreich, besonders viel Eiweiß mit 24 g EW pro 100 g getrockneter Linsen

>**KONSISTENZ:** Weicher als Hackfleisch, je nach Linsensorte angenehm kernig

>**VERARBEITEN:** Mit getrockneten Linsen könnt ihr schnell und einfach Bolognese ohne Hack zaubern. Ungekocht ebenso wie Hackfleisch zubereiten: Im andünsten und ablöschen.

>**TIPP** **Rote Linsen sind besonders schnell gar.**

Soja

>**EIGENSCHAFT:** Nähr- und ballaststoffreich, enthält bis zu 50 g EW pro 100 g Sojagranulat

>**KONSISTENZ:** Kommt dem vom Hackfleisch sehr nahe

>**VERARBEITEN:** Vor der Verarbeitung in Gemüsebrühe ziehen lassen, dann wie Hack verarbeiten. 100 g Sojagranulat und 300 g Gemüsebrühe ersetzen 400 g Hackfleisch.

>**TIPP** **Ihr könnt auch mehr zubereiten und dann portionsweise einfrieren. Die Konsistenz bleibt dabei erhalten.**

Fotos: AdobeStock/Jacek Fulawka (1), Ideologyhub (1), kolesnikovserg (1), bigacis (1)

ZauberPrise

Magische Würze!

Tipp
Das 3er-Set als
tvolles Geschenk –
ch für Hobbyköche
e Küchenmaschine
geeignet!

Mit den ZauberPrise Bio-Gewürzmischungen „Geflügel", „Gemüse", „Fleisch", „Salat" und „Fisch" von **mein ZauberTopf** verleihst du deinen Lieblingsgerichten jeden Tag einen rundum aromatischen Geschmack. Enthalten sind ausschließlich Bio-Zutaten, keine Geschmacksverstärker, keine Zusatzstoffe! So geht´s: Einfach 2 TL auf 4 Portionen geben. 1 Dose reicht für 100 Portionen! Du brauchst keine weiteren Gewürze. Die großen, wiederverschließbaren Dosen bewahren das Aroma und machen das teelöffelweise Entnehmen besonders einfach.

Speziell entwickelt und getestet für das Kochen mit Küchenmaschinen mit Kochfunktion.

BIO nach EG-Öko-Verordnung

Dose à 200 g, je 8,99 Euro | JETZT BESTELLEN: www.zaubertopf-shop.de

Foto: siehe Seite 97

NUDELSALATE

Zum Grillen, zur Party oder für unterwegs – Nudelsalat ist immer gern gesehen!

BELIEBTER KLASSIKER

Nudelsalat mit Mayonnaise

00 50 std : min

PRO PORTION: 362 KCAL | 11 G E | 19 G F | 33 G KH

ZZGL. 20 MIN. RUHEZEIT

ZUTATEN FÜR 4 PERSONEN

- **1000 g Wasser**
- **2 TL Salz**
- **200 g kurze Nudeln**
- **150 g Erbsen (TK)**
- **80 g Gewürzgurkensud**
- **150 g Mayonnaise**
- **70 g Joghurt**
- **3 Prisen frisch gemahlener schwarzer Pfeffer**
- **1 Prise Zucker**
- **100 g Gewürzgurken**
- **1 roter Apfel, geviertelt, entkernt**
- **100 g Bergkäse, in Scheiben, in Streifen geschnitten**

1 | Wasser in den geben und **10 Min. | 100 °C | Stufe 1** zum Kochen bringen.

2 | 1 ½ TL Salz und Nudeln durch die Deckelöffnung zugeben, ohne Messbecher **nach Packungsangabe minus 2 Min. | 100 °C | | Stufe 1** bissfest garen.

3 | Erbsen durch die Deckelöffnung zugeben und ohne Messbecher **2 Min. | 100 °C | | Stufe 1** bissfest zu Ende garen. Nudel-Erbsen-Mischung durch den Varoma® abgießen. Abschrecken, abtropfen und abkühlen lassen.

4 | 50 g Gewürzgurkensud, Mayonnaise, Joghurt, ½ TL Salz, Pfeffer sowie Zucker in den geben, **8 Sek. | Stufe 2** mischen und in eine große Schüssel umfüllen, Nudel-Erbsen-Mischung unterheben.

5 | Gewürzgurken, übrigen Gewürzgurkensud und Apfel in den geben, **3 Sek. | Stufe 4,5** zerkleinern, in die Salatschüssel zugeben und mit dem vermischen.

6 | Käsestreifen untermischen und den Salat 20 Min. durchziehen lassen. Nudelsalat abschmecken und dann servieren.

>TIPP Anstelle von Bergkäse könnt ihr auch einen mittelalten Gouda verarbeiten.

LEICHT

Dieser Salat ist leichter als der Klassiker, da wir einen Teil der Mayonnaise durch Joghurt ersetzen. Er behält aber seine Cremigkeit und charakteristischen Geschmack, da Mayo und Joghurt gemischt werden.

Hier mixen wir den absoluten Klassiker mit Fleischwurst!

Scan mich

EASY

AiO

Griechischer Orzo-Salat mit Bohnen und Feta

00 40
std : min

PRO PORTION: 718 KCAL | 32 G E | 30 G F | 87 G KH

ZUTATEN FÜR 4 PERSONEN

- ★ **1200 g Wasser**
- ★ **300 g Orzo**
- ★ **Salz**
- ★ **200 g Bohnen (TK)**
- ★ **200 g Saubohnen (TK)**
- ★ **120 g Erbsen (TK)**
- ★ **40 g natives Olivenöl extra zzgl. 1 EL zum Beträufeln**
- ★ **2 Knoblauchzehen**
- ★ **Saft und Abrieb von ½ unbehandelten Zitrone**
- ★ **20 g Weißweinessig**
- ★ **frisch gemahlener schwarzer Pfeffer**
- ★ **2 Paprikaschoten (rot und gelb), in Würfeln**
- ★ **2 Baby-Gurken, geraspelt**
- ★ **200 g Feta, in Würfeln**
- ★ **1 TL getrocknete italienische Kräuter**
- ★ **½ TL Chiliflocken**
- ★ **Blättchen von ½ Bund Thymian**

1 | Das Wasser in den geben und **10 Min. | 100 °C | Stufe 1** aufkochen. Nudeln mit 2 TL Salz zugeben. Den Varoma® auf den setzen, Bohnen mit Erbsen darin verteilen. Varoma® verschließen. Zutaten **nach Packungsangabe plus 1 Min. | 100 °C | | Stufe 1** garen.

2 | Den Varoma® beiseitestellen und die Zutaten ausdampfen lassen. Nudeln abgießen, mit 1 EL Olivenöl beträufeln und in eine Salatschüssel geben.

3 | Den Knoblauch in den geben und **3 Sek. | Stufe 8** zerkleinern. Zitronensaft und -abrieb, Essig, ½ TL Salz, 2 Prisen Pfeffer und Öl zufügen, dann alles **30 Sek. | | Stufe 3,5** verrühren.

4 | Orzo, Bohnen, Erbsen, Paprika, Gurken, Feta, Kräuter und Chiliflocken in die Salatschüssel geben. Das Dressing zugeben und den Orzo-Salat vermengen.

5 | Den Salat mit Salz und Pfeffer abschmecken und kurz durchziehen lassen. Mit Thymian und Pfeffer bestreuen und servieren.

>**TIPP** Ihr könnt auch Bohnen aus dem Glas verwenden, diese sind bereits vorgegart und müssen nur abgegossen und abgetropft werden. Sie können direkt in den Salat gemischt werden.

>**ORZO** Die kleinen Nudeln in Reisform werden auch Kritharaki genannt. Sie bestehen aus Hartweizengrieß und Wasser. Aufgrund ihrer geringen Größe sind sie einfach superschnell gekocht.

Foto: StockFood/Morgans, Gareth

Nudelsalat carbonara

00 30
std : min

PRO PORTION: 594 KCAL | 27 G E | 23 G F | 71 G KH
ZUTATEN FÜR 4 PERSONEN

- **1500 g Wasser**
- **3 Eier**
- **375 g Makkaroni**
- **Salz**
- **80 g Erbsen (TK)**
- **20 g Parmesan**
- **20 g natives Olivenöl extra**
- **20 g Joghurt**
- **1 EL Weißweinessig**
- **1 EL Zitronensaft**
- **frisch gemahlener schwarzer Pfeffer**
- **100 g Bacon, in Stücken**
- **Blätter von 2 Romana-Salatherzen**
- **200 g Kirschtomaten, halbiert**

1 | Das Wasser in den geben und **14 Min. | 100°C | Stufe 1** aufkochen. In der Zwischenzeit in einem Kochtopf etwas Wasser aufkochen und die Eier darin 7 Min. kochen, dann abschrecken und beiseitestellen.

2 | Die Makkaroni mit 1 ½ TL Salz durch die Deckelöffnung in den geben und **nach Packungsangabe minus 2 Min. | 100°C | | Stufe 1** garen. Die Erbsen zufügen, mit dem unterrühren und **3 Min. | 100°C | | Stufe 1** fertig garen. Makkaroni und Erbsen in den Varoma® abgießen, mit etwas kaltem Wasser abbrausen und abtropfen lassen. Den trocknen.

3 | Den Parmesan in den geben, **10 Sek. | Stufe 10** zerkleinern und umfüllen. Öl, Joghurt, Essig sowie Zitronensaft in den geben, **30 Sek. | | Stufe 3,5** verrühren. Mit Salz und Pfeffer abschmecken.

4 | Den Bacon in einer Pfanne knusprig anbraten, dann auf Küchenpapier abtropfen lassen. Die Eier pellen und in Spalten schneiden.

5 | Die Salatblätter mit den Makkaroni, Erbsen sowie Tomaten auf einer Platte anrichten und mit dem Dressing beträufeln. Die Eierspalten und Bacon darüber verteilen, mit Parmesan bestreuen und servieren.

EASY

FIX

Nudelsalat mit Hähnchen und Currydressing

00 30 std : min

LOW CARB LOW FAT

PRO PORTION: 562 KCAL | 29 G E | 23 G F | 61 G KH

ZUTATEN FÜR 6 PERSONEN

- **Blättchen von ½ Bund Petersilie zzgl. einige Blättchen zum Garnieren**
- **100 g Mayonnaise**
- **50 g Joghurt**
- **3 TL Currypulver**
- **20 g Senf**
- **1 EL Honig**
- **20 g Orangensaft**
- **40 g Weißweinessig**
- **Salz**
- **frisch gemahlener schwarzer Pfeffer**
- **1500 g Wasser**
- **1 EL Sonnenblumenöl**
- **500 g Hähnchenfleisch, in Streifen**
- **450 g Fusilli**
- **300 g Pfirsichhälften (Dose), in Spalten**

1 | Die Petersilie in den geben, **3 Sek. | Stufe 8** zerkleinern und mit dem nach unten schieben. Mayonnaise, Joghurt, Currypulver, Senf, Honig, Orangensaft, Essig, 1 TL Salz sowie 3 Prisen Pfeffer zufügen und **30 Sek. | Stufe 3** glatt rühren. Das Dressing umfüllen und kalt stellen. Den kurz ausspülen.

2 | Das Wasser in den einwiegen und **14 Min. | 100°C | Stufe 1** aufkochen. In der Zwischenzeit in einer Pfanne das Öl erhitzen und das Hähnchenfleisch rundherum anbraten. Anschließend beiseitestellen und etwas abkühlen lassen.

3 | Die Fusilli und 1 TL Salz durch die Deckelöffnung zugeben und die Nudeln **nach Packungsangabe plus 1 Min. | 100°C | | Stufe 1** al dente garen. Die Nudeln in den Varoma® abgießen und mit kaltem Wasser abschrecken. Nudeln, Hähnchenfleisch und Currydressing vermengen. Salat abschmecken und mit Pfirsichspalten sowie einigen Petersilienblättchen garniert servieren.

>**ABSCHRECKEN!** Das kalte Wasser sorgt dafür, dass die Nudeln schneller abkühlen und nicht nachgaren. Mehr Tipps und Tricks gibt es ab Seite 30.

Foto: StockFood/Great Stock!

Nudel-Schichtsalat

00 30 std : min

LOW CARB LOW FAT

PRO PORTION: 407 KCAL | 24 G E | 14 G F | 46 G KH

ZUTATEN FÜR 4 PERSONEN

- **40 g Mayonnaise**
- **60 g Joghurt**
- **Saft von ½ Zitrone**
- **1 TL Senf**
- **½ TL Currypulver**
- **Salz**
- **frisch gemahlener schwarzer Pfeffer**
- **500 g Brokkoli, in Röschen**
- **75 g Erbsen (TK)**
- **1200 g Wasser**
- **150 g Mafaldine oder Pasta nach Belieben**
- **200 g Kochschinken, in ca. 0,5 cm großen Stücken**
- **200 g Mais (Dose), abgetropft**
- **120 g Ananas, in Stücken**

1 | Mayonnaise, Joghurt, Zitronensaft, Senf, Currypulver, ½ TL Salz sowie 2 Prisen Pfeffer in den Mixtopf geben und **30 Sek. | Stufe 3,5** vermengen. Das Dressing umfüllen und kalt stellen. Den Mixtopf kurz ausspülen.

2 | Den Brokkoli in den Mixtopf geben, **4 Sek. | Stufe 4** grob zerkleinern und in den Varoma® umfüllen. Den Einlegeboden auflegen und die Erbsen darauf verteilen. Den Varoma® beiseitestellen.

3 | Das Wasser in den Mixtopf geben und **10 Min. | 100 °C | Stufe 1** aufkochen. Die Nudeln und 1 TL Salz durch die Deckelöffnung zugeben, dabei mit dem Spatel nachhelfen. Den Varoma® geschlossen aufsetzen und die Zutaten **nach Packungsangabe plus 1 Min. | Varoma® | Linkslauf | Stufe 1** garen. Den Varoma® absetzen und das Gemüse abschrecken. Die Nudeln abgießen, ebenfalls abschrecken und die Zutaten ausdampfen lassen.

4 | Brokkoli, Pasta, Schinken und etwas Dressing in 4 Gläser schichten. Mais, Erbsen und Ananasstücke darüber verteilen. Die Gläser verschließen und bis zum Verzehr kalt stellen oder sofort servieren.

> **MAFALDINE** Das besondere Aussehen dieser Nudeln verleiht dem Schichtsalat das gewisse Etwas. Die langen Nudeln mit dem gewellten Rand könnt ihr aber auch durch jede andere Pastasorte ersetzen.

Schaut uns bei der Zubereitung leckerer Nudelsalate zu!
WWW.ZAUBERTOPF.DE/YOUTUBE

FIX

FIX

Nudel-Pesto-Salat mit Garnelen

00 30 std : min

LOW CARB LOW FAT

PRO PORTION: 481 KCAL | 27 G E | 25 G F | 39 G KH

ZUTATEN FÜR 4 PERSONEN

- ★ **200 g Orzo**
- ★ **Salz**
- ★ **1 rote Paprikaschote, in Stücken**
- ★ **½ Gurke, in Stücken**
- ★ **½ rote Zwiebel**
- ★ **20 g Rotweinessig**
- ★ **40 g natives Olivenöl extra**
- ★ **frisch gemahlener schwarzer Pfeffer**
- ★ **60 g grüne Oliven, entsteint**
- ★ **300 g Garnelen, küchenfertig**
- ★ **20 g rotes Pesto**
- ★ **Saft von ½ Zitrone**
- ★ **2 EL Wasser**
- ★ **100 g Feta**
- ★ **Blättchen von 4 Stielen Basilikum, grob gehackt**

1 | Nudeln nach Packungsanweisung in reichlich kochendem Salzwasser bissfest garen, abgießen, abschrecken und ausdampfen lassen.

2 | In der Zwischenzeit Paprika mit Gurke in den Mixtopf geben, **5 Sek. | Stufe 5** zerkleinern und umfüllen, Die Zwiebel in den Mixtopf geben und **4 Sek. | Stufe 5** zerkleinern. Mit dem Spatel nach unten schieben. Essig, 20 g Öl, ½ TL Salz sowie 2 Prisen Pfeffer zufügen und **20 Sek. | Stufe 3,5** verrühren. Nudeln, Paprika, Gurke und Oliven mit dem Dressing gut vermischen.

3 | Die Garnelen in einer Pfanne im restlichen Öl 2 Min. anbraten. Pesto, Zitronensaft und Wasser zugeben und 1–2 Min. weitergaren.

4 | Nudeln, zerkleinertes Gemüse, Oliven und Dressing in einer Salatschüssel vermengen. Den Salat auf Tellern anrichten, die Garnelen darüber verteilen und den Feta darüberbröseln. Mit Basilikum garnieren und servieren.

>**KÜCHENFERTIG?** Garnelen, die ohne Kopf und bereits entdarmt sind, nennt man küchenfertig. Sie sind mit und ohne Schale erhältlich und teils auch schon vorgegart. Besonders saftig bleiben Garnelen, wenn ihr sie mit Schale in die Pfanne gebt. Wer auf das Schälen lieber verzichtet, kann auch bereits geschälte verwenden.

LESESPASS MIT GESCHENK

BESTELLNUMMER: MZ17ONE

NUR 42,90 € FÜR 8 HEFTE IM JAHR

Verpasse keins der angesagten Themen für dich und deinen Thermomix®! Im Jahresabo von **mein ZauberTopf** kannst du Geld sparen und jede neue Ausgabe kommt portofrei direkt zu dir in den Briefkasten. Als Dankeschön kannst du dir ein wertvolles Geschenk deiner Wahl aussuchen!

FÜR NUR 6 € ZUZAHLUNG IM JAHR ALLES AUCH DIGITAL LESEN!

WOW! WAS FÜR EINE TOLLE IDEE!

mein ZauberTopf ist bekannt für Ideen mit dem gewissen Etwas. Du findest garantiert mehr als eine Überraschung, die dich **begeistert!**

SAISONALE MIX-REZEPTE

Darum geht's: Wir kochen **immer saisonal**, dadurch unschlagbar preisbewusst, **raffiniert einfach** und vor allem lecker!

EINZIGARTIGES KNOW-HOW

In jeder Ausgabe widmen wir uns besonderen **Funktionen** und genialen Möglichkeiten, die der **Thermomix® bietet.**

DER WUNDERCAP®

Der WunderCap® ersetzt das Mixmesser im Mixtopf: mehr Volumen im Garraum, perfekt zum Sous-Vide-Garen oder Pastakochen. Passgenau für Thermomix®!

Ohne Zuzahlung, 19,80 Euro

Prämien-ID: F1414

BASIS-KOCHBUCH

Das große Basis-Kochbuch ist die „Bibel" für alle Nutzer des Thermomix®. Es hält mit seinen 260 Seiten und über 100 Rezepten auf jede Koch- und Backfrage eine Antwort parat!

Ohne Zuzahlung, 29,90 Euro

Prämien-ID: F1403

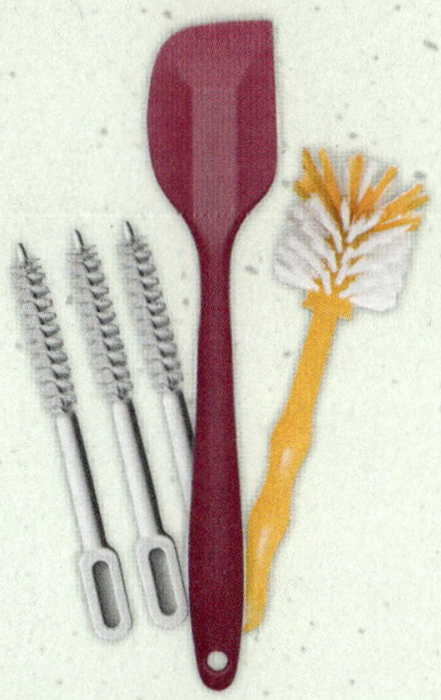

ZUBEHÖR-PAKET „S"

Das Set enthält die vollständige Grundausstattung zum Reinigen deines Mixtopfs: 1 Silikonspatel, 3 flexible Messerbürsten und 1 Universalbürste für den Mixtopf.

Ohne Zuzahlung, 14,95 Euro

Prämien-ID: F1214

EIN GESCHENK NACH WAHL GIBT'S GRATIS DAZU!

JETZT JAHRESABO ABSCHLIESSEN UND TOLLE PRÄMIE SICHERN!

BESTELLNUMMER: MZ17ONE

Einzelhefte und unterschiedliche Abo-Angebote:
WWW.ZAUBERTOPF-SHOP.DE

BESTELLUNG

PER POST
Abo-Service falkemedia
mein ZauberTopf
Postfach 810640 · 70523 Stuttgart

ONLINE
www.zaubertopf.de/praemienabo

PER TELEFON
Ruf einfach an unter:
+49 711 72 52 293

Fotos: Archiv

SPEZIALITÄTEN

Asia-Spaghettisalat

Maultaschen mit Spinat

Miso-Ramen mit Shiitakepilzen

Bamigoreng

Griechischer Nudelauflauf „Pastitsio"

Kokos-Curry-Glasnudelsuppe
mit Koriander

Mac and Cheese mit Blumenkohl

Foto: siehe Seite 114

EINMAL UM DIE WELT

Auch international begeistert Pasta. Hier kommen die beliebtesten Gerichte

TOLLE AROMEN

Asia-Spaghettisalat

00 30
std : min

LOW CARB LOW FAT

PRO PORTION: 623 KCAL | 21 G E | 17 G F | 98 G KH

ZUTATEN FÜR 4 PERSONEN

- **100 g Karotte, in Stücken**
- **1 rote Chilischote**
- **1 rote Paprikaschote**
- **1 grüne Paprikaschote**
- **500 g Spaghetti**
- **Salz**
- **40 g Sesamöl**
- **60 g Sojasoße**
- **2 EL heller Balsamicoessig**
- **2 EL Chinagewürz**
- **1 EL Honig**
- **1 Bund Frühlingszwiebeln, in Ringen**

1 | Karotte und Chilischote im Mixtopf **3 Sek. | Stufe 5** zerkleinern und mit dem Spatel nach unten schieben. Paprika zugeben und **3 Sek. | Stufe 4,5** zerkleinern. In eine große Schüssel umfüllen und beiseitestellen.

2 | Die Nudeln nach Packungsangabe in reichlich Salzwasser in einem großen Topf bissfest kochen. Im Varoma® abgießen und mit kaltem Wasser abschrecken. Zu dem Gemüse in die Schüssel geben.

3 | Für das Dressing Sesamöl, Sojasoße, Essig, Chinagewürz, Honig sowie 1 TL Salz in den Mixtopf geben, **5 Sek. | Stufe 4** verrühren. Anschließend das Dressing unter die Nudeln heben.

4 | Die Frühlingszwiebeln zum Salat geben und alles gründlich durchmischen.

>**TIPP** Für den nächsten Tag vorbereitet und gut durchgezogen schmeckt der Salat noch besser. Die Spaghetti könnt ihr jederzeit variieren. Vollkornpasta setzt einen anderen Akzent als herkömmliche Nudeln. Zum Asia-Spaghettisalat passen auch getrocknete Röstzwiebeln, karamellisierte Nüsse oder geröstete Sesamsaat.

>**SOJASOSSE** Der Klassiker der Asia-Küche wird aus fermentierten Sojabohnen, Weizen, Wasser und Meersalz hergestellt. In Asien gehört sie zu den Grundgewürzarten. Es sind vor allem zwei Varianten der Soße bekannt: die helle, etwas mildere Sojasoße (passt zu leichten Gerichten) und die würzige, dunkle Sojasoße (perfekt für herzhafte Speisen geeignet).

ABSCHRECKEN

Die Spaghetti für Salat nach dem Kochen abschrecken. Dann garen sie nicht weiter, sondern bleiben al dente. Übrigens: Der Varoma® ist ein hervorragendes Nudelsieb!

Seht, wie wir diesen
Spaghettisalat in der
ZauberTopf-Küche mixen!
Scan mich
FIX

Maultauschen mit Spinat

00 40 std : min

LOW CARB LOW FAT

PRO PORTION: 688 KCAL | 35 G E | 28 G F | 75 G KH

ZZGL. 30 MIN. RUHEZEIT

ZUTATEN FÜR 4 PERSONEN

- **100 g Parmesan, in Stücken**
- **350 g Mehl Type 405**
- **4 Eier**
- **Salz**
- **1 Schalotte, halbiert**
- **2 Knoblauchzehen**
- **2 EL Butter, in Stücken**
- **500 g Blattspinat**
- **3 Prisen frisch gemahlener schwarzer Pfeffer**
- **3 Prisen frisch geriebene Muskatnuss**
- **250 g Ricotta**
- **Saft von ½ Zitrone**
- **1 Eiweiß**
- **2 Zwiebeln, in Streifen**
- **2 EL Schnittlauch, in Röllchen**

1 | Parmesan im Mixtopf **8 Sek. | Stufe 10** zerkleinern und umfüllen. Mehl, 3 Eier und ½ TL Salz in den Mixtopf geben, **2 Min. |** Teigstufe zu einem elastischen Teig kneten, bei Bedarf ein wenig kaltes Wasser zufügen. Den Teig in Frischhaltefolie gewickelt mind. 30 Min. ruhen lassen. Den Mixtopf spülen.

2 | In dieser Zeit die Füllung vorbereiten. Schalotte mit Knoblauch im Mixtopf **5 Sek. | Stufe 5** zerkleinern und mit dem Spatel nach unten schieben. 1 EL Butter zufügen und **3 Min. | 120°C [TM31 bitte Varoma®] | Stufe 1** andünsten. Spinat, je 3 Prisen Salz, Pfeffer sowie Muskatnuss in den Mixtopf geben, **7 Min. | 120°C [TM31 bitte Varoma®] |** Linkslauf **| Stufe 0,5** dünsten und umfüllen. Etwas abkühlen lassen.

3 | Ricotta, übriges Ei, Parmesan sowie Zitronensaft in den Mixtopf geben und **1 Min. | Stufe 3** verrühren. Den Spinat zufügen und **30 Sek. |** Linkslauf **| Stufe 3** vermengen.

4 | Den Nudelteig dünn ausrollen, die eine Hälfte mit Eiweiß bestreichen und im Abstand von etwa 5 cm je 1 EL der Füllung daraufsetzen. Die andere Teighälfte darüberschlagen und um die Füllung herum andrücken. Dann zu Rechtecken schneiden und 5–7 Min. in leicht siedendem Salzwasser gar ziehen lassen.

5 | Die Zwiebeln in einer Pfanne in der restlichen Butter leicht bräunen lassen. Die Maultaschen aus dem Wasser heben, abtropfen lassen und in der Pfanne mit den Zwiebeln schwenken. Auf Tellern anrichten, mit Schnittlauch garnieren und servieren.

GEHEIMTIPP

Maultaschenteig wird traditionell mit Eiern zubereitet. Ihr könnt auch 100 g des Mehls durch Hartweizengrieß ersetzen. Er sorgt für etwas mehr Biss.

>**MAULTASCHEN** Im Schwabenland sind sie das Nationalgericht schlechthin. Ein paar findige Mönche im Kloster Maulbronn sollen zur Fastenzeit ein leckeres Stück Fleisch in kleinen Teigmäntelchen versteckt haben – das „Herrgottsbescheißerle" war geboren. Eine hübsche Geschichte! Doch eigentlich ist die Maultasche vielmehr der nachgesagten Sparsamkeit der Schwaben zu verdanken: Sie dienten nämlich vornehmlich der Resteverwertung.

Fotos: StockFood/StockFood Studios/Neubauer, Mathias; Archiv

Miso-Ramen mit Shiitakepilzen

00 35
std : min

LOW CARB LOW FAT

PRO PORTION: 513 KCAL | 17 G E | 11 G F | 90 G KH
ZUTATEN FÜR 4 PERSONEN

- ★ **1200 g Wasser**
- ★ **1½ TL Gemüse-Gewürzpaste**
- ★ **30 g weiße Misopaste**
- ★ **30 g Ingwer, geschält**
- ★ **2 rote Chilischoten, 1 halbiert, 1 in Ringen**
- ★ **2 Knoblauchzehen, mit der Hand angedrückt**
- ★ **400 g Ramen-Nudeln**
- ★ **Salz**
- ★ **20 g Rapsöl**
- ★ **250 g Shiitake**
- ★ **5 Frühlingszwiebeln, in Ringen**
- ★ **2 Pak Choi, in Streifen**
- ★ **20 g Sojasoße**
- ★ **1 EL Sesamöl**

1 | Wasser mit Gemüse-Gewürzpaste, Misopaste, Ingwer, 1 halbierte Chilischote sowie Knoblauch in den geben und **12 Min. | 100 °C | | Stufe 1** aufkochen.

2 | Die Brühe durch ein feines Sieb in einen sauberen Topf passieren und warm halten. Die Ramen-Nudeln in kochendem Salzwasser nach Packungsangabe 4–5 Min. garen, abgießen, eiskalt abschrecken und abtropfen lassen.

3 | Die Chilischotenringe mit dem Öl in den geben, **2 Min. | 120 °C [TM31 bitte Varoma®] | Stufe 2** andünsten. Pilze, den hellen Teil der Frühlingszwiebeln und Pak Choi in den geben und **10 Min. | Varoma® | | Stufe 0,5** dünsten. Alles mit Sojasoße ablöschen.

4 | Die Nudeln auf Schüsseln verteilen, die Pilzmischung daraufgeben und mit der heißen Brühe auffüllen. Mit Frühlingszwiebelgrün bestreuen, mit Sesamöl beträufeln und servieren.

>TIPP Solltet ihr keine frischen Shiitakepilze bekommen, könnt ihr auch getrocknete verwenden. Diese müssen vor dem Verarbeiten in etwas warmem Wasser eingeweicht werden. Alternativ könnt ihr auch Champignons benutzen.

>PAK CHOI Aus der asiatischen Küche ist Pak Choi nicht wegzudenken. Die Kohlart schmeckt roh, gekocht und auch gedünstet. Gebt die Blätter erst kurz vor dem Servieren zu den restlichen Zutaten und lasst sie kurz mitgaren. So verlieren sie nicht an Farbe und bleiben knackig.

>RAMEN Eines der beliebtesten japanischen Gerichte ist Ramen. Die Suppe aus Brühe und Nudeln lässt sich herrlich variieren. Anstelle von Pak Choi könnt ihr zum Beispiel Chinakohl verwenden. Oder verwendet statt weißer Misopaste einmal eine etwas dunklere, es gibt mehrere Sorten im Asia-Laden. Je dunkler die Paste ist, desto kräftiger ist sie im Geschmack.

FIX

Bamigoreng

00 25 std : min

LOW CARB LOW FAT

PRO PORTION: 443 KCAL | 22 G E | 11 G F | 64 G KH

ZUTATEN FÜR 4 PERSONEN

- ★ **300 g Mie-Nudeln**
- ★ **Salz**
- ★ **2 Knoblauchzehen**
- ★ **2 cm Ingwer, geschält**
- ★ **2 Chilischoten, in Scheiben**
- ★ **250 g Tofu, in Würfeln**
- ★ **20 g Rapsöl**
- ★ **1 gelbe Zucchini, in Stücken**
- ★ **5 Frühlingszwiebeln, in Ringen**
- ★ **1 EL rote Currypaste**
- ★ **3 Tomaten, in Stücken**
- ★ **20 g Sojasoße**
- ★ **Saft von 1 Limette**
- ★ **½ Eisbergsalat, in feinen Streifen**

1 | Nudeln in eine Schüssel geben und mit kochendem Salzwasser überbrühen. Etwa 10 Min. einweichen, dann abgießen und abtropfen lassen.

2 | Währenddessen Knoblauch mit Ingwer im Mixtopf **3 Sek. | Stufe 8** zerkleinern und mit dem Spatel nach unten schieben. Chilischoten, Tofu sowie Rapsöl zufügen und **4 Min. | Varoma® | Linkslauf | Stufe 1** andünsten. Zucchini und die Hälfte der Frühlingszwiebeln mit der Currypaste in den Mixtopf geben und **8 Min. | 120°C** [TM31 bitte Varoma®] **| Linkslauf | Stufe 0,5** mitdünsten.

3 | Nudeln, Tomaten, Sojasoße sowie Limettensaft zugeben und alles mit dem Spatel vermengen. Den Eisbergsalat auf Tellern verteilen, das Bamigoreng darauf anrichten, restliche Frühlingszwiebeln darauf verteilen und servieren.

>**TIPP** Achtet beim Kauf der Currypaste darauf, dass keine tierischen Zutaten wie Garnelenpaste oder Fischsoße enthalten sind.

>**URSPRUNG** Bamigoreng wird in Indonesien neben Nasigoreng – mit Reis – wirklich überall gegessen: vom Straßenimbiss bis zum gehobenen Restaurant. Dabei variieren die Rezepte von Ort zu Ort. Selbst jede Familie hat ihr eigenes Rezept mit eigenen Geheimzutaten.

Griechischer Nudelauflauf „Pastitsio“

01 | 05 std : min

PRO PORTION: 662 KCAL | 28 G E | 27 G F | 78 G KH

ZUTATEN FÜR 6 PERSONEN

- ★ **200 g Pecorino, in Stücken**
- ★ **1 Zwiebel, halbiert**
- ★ **3 Knoblauchzehen**
- ★ **30 g natives Olivenöl extra zzgl. 2 EL zum Beträufeln**
- ★ **800 g stückige Tomaten (Dose)**
- ★ **2 TL Oregano, getrocknet**
- ★ **Salz**
- ★ **frisch gemahlener schwarzer Pfeffer**
- ★ **1 TL Zucker**
- ★ **1 TL edelsüßes Paprikapulver**
- ★ **500 g Makkaroni**
- ★ **20 g Butter**
- ★ **20 g Mehl Type 405**
- ★ **750 g Milch**
- ★ **3 Prisen frisch geriebene Muskatnuss**
- ★ **1 Ei**
- ★ **50 g Oliven**
- ★ **Blättchen von 3 Stielen Petersilie, gehackt**
- ★ **Basilikum zum Garnieren**

1 | Pecorino in den geben und **10 Sek. | Stufe 10** zerkleinern. Umfüllen und beiseitestellen. Zwiebel mit Knoblauch in den geben, **5 Sek. | Stufe 5** zerkleinern und mit dem nach unten schieben. Olivenöl zufügen und **3 Min. | Varoma® | Stufe 2** andünsten. Tomaten mit Oregano, 1 TL Salz, 2 Prisen Pfeffer, Zucker und Paprikapulver zugeben und die Soße **15 Min. | 90 °C | Stufe 2** köcheln lassen.

2 | In dieser Zeit die Makkaroni in kochendem Salzwasser in etwa 10 Min. bissfest garen. Abgießen, kurz kalt abspülen und abtropfen lassen. Mit 2 EL Olivenöl beträufeln, mischen. In einer Auflaufform (ca. 20 × 30 cm) verteilen. Den Backofen auf 180 °C Ober-/Unterhitze vorheizen.

3 | Die Tomatensoße auf der Pasta verteilen. Anschließend den reinigen.

4 | Für die Béchamelsoße Butter in den geben und **2 Min. | 80 °C | Stufe 1** erhitzen. Das Mehl zufügen und **1 Min. | 90 °C | Stufe 2** anschwitzen. Milch, Muskat, 1 Prise Salz sowie Pfeffer zugeben und **10 Min. | 90 °C | Stufe 2** köcheln lassen. 150 g Pecorino mit dem Ei in den geben, **30 Sek. | Stufe 3** verrühren.

5 | Käsesoße auf dem Auflauf verteilen und Oliven darüberstreuen. Für 25–30 Min. im Ofen goldbraun backen. Mit Petersilie und restlichem Käse bestreuen, mit Basilikum garnieren und in Stücke geschnitten servieren.

>TIPP Traditionell wird der Auflauf mit Kefalotyri, einem würzigen Hartkäse aus Ziegen- und Schafmilch, zubereitet.

GUTE BASIS

Im Thermomix® ist die in Schritt 4 beschriebene Mehlschwitze, die Basis der Béchamel, schnell gemixt. Durch das Anschwitzen des Mehls mit Butter wird die Soße später schön sämig.

FIX

Kokos-Curry-Glasnudelsuppe mit Koriander

00 30 std : min

LOW CARB LOW FAT

PRO PORTION: 562 KCAL | 5 G E | 27 G F | 76 G KH
ZUTATEN FÜR 4 PERSONEN

- **Blättchen von 5 Stielen Koriander**
- **2 cm Ingwer, in Scheiben**
- **2 Knoblauchzehen**
- **2 rote Chilischoten**
- **20 g Kokosöl**
- **30 g rote Currypaste**
- **1000 g Wasser**
- **400 g Kokosmilch (Dose)**
- **1 TL Gemüse-Gewürzpaste**
- **20 g Sojasoße**
- **Saft von 1 Limette**
- **300 g Glasnudeln**
- **3 Frühlingszwiebeln, in Ringen**
- **150 g Zuckerschoten, in Streifen**

1 | Koriander in den Mixtopf geben, **3 Sek. | Stufe 6** grob zerkleinern und umfüllen.

2 | Ingwer, Knoblauch sowie Chilischoten im Mixtopf **5 Sek. | Stufe 8** zerkleinern und mit dem Spatel nach unten schieben. Kokosöl zufügen und **3 Min. | Varoma® | Stufe 2** andünsten. Die Currypaste zugeben und **2 Min. | Varoma® | Stufe 2** weiterdünsten. Mit Wasser, Kokosmilch sowie Gemüse-Gewürzpaste auffüllen, mit Sojasoße sowie Limettensaft würzen und **13 Min. | 100°C | Stufe 1,5** köcheln lassen.

3 | Die Glasnudeln nach Packungsangabe in heißem Wasser einweichen. Abgießen, kalt abschrecken und abtropfen lassen. Nudeln, Frühlingszwiebeln und Zuckerschoten auf 4 Schüsseln verteilen und mit der Suppe auffüllen. Mit gehacktem Koriander bestreuen und servieren.

>**GLASNUDELN** Diese speziellen Nudeln werden aus Mung- oder Sojabohnen hergestellt. Der „Frühlingsregen", wie sie in Japan genannt werden, werden nicht gekocht, sondern quellen nur kurz in heißem Wasser.

BLOG Auf unserem Blog gibt's noch mehr tolle Rezepte aus aller Welt
WWW.ZAUBERTOPF.DE/REZEPTE

Mac and Cheese mit Blumenkohl

01 10
std : min

LOW CARB LOW FAT

PRO PORTION: 850 KCAL | 34 G E | 43 G F | 85 G KH
ZUTATEN FÜR 4 PERSONEN

- **50 g Macadamianusskerne**
- **50 g Parmesan, in Stücken**
- **120 g Cheddar, in Stücken**
- **800 g Blumenkohl, in kleinen Röschen**
- **Blättchen von 2 Stielen Thymian**
- **20 g natives Olivenöl extra**
- **300 g Makkaroni**
- **Salz**
- **40 g Butter, in Stücken**
- **40 g Mehl Type 405**
- **2 TL Senfpulver**
- **700 g Milch**
- **1 EL Zitronensaft**
- **3 Prisen frisch gemahlener schwarzer Pfeffer**

1 | Den Backofen auf 180 °C Ober-/Unterhitze vorheizen. Ein Blech mit Backpapier belegen.

2 | Macadamianüsse im Mixtopf **3 Sek. | Stufe 6** grob zerkleinern und umfüllen. Parmesan in den Mixtopf geben, **10 Sek. | Stufe 10** zerkleinern und ebenfalls umfüllen. Cheddar **10 Sek. | Stufe 10** zerkleinern, umfüllen.

3 | Blumenkohl mit Thymian und Öl mischen, auf das Backblech geben und ca. 20 Min. im Ofen backen.

4 | In der Zwischenzeit die Makkaroni in kochendem Salzwasser nach Packungsangabe al dente garen. Die Butter in den Mixtopf geben, **2 Min. | 100 °C | Stufe 2** erhitzen. Mehl zufügen und **1 Min. | 100 °C | Stufe 2** andünsten. Senfpulver mit Milch in den Mixtopf füllen und die Soße **10 Min. | 90 °C | Stufe 1,5** köcheln lassen. Zitronensaft, Pfeffer sowie geriebenen Cheddar zugeben und mithilfe des Spatels vermengen.

5 | Die Pasta mit Blumenkohl und Soße in einer Auflaufform (etwa 20 × 30 cm) vermischen. Mit dem Parmesan bestreuen. Die Macadamianusskerne darüberstreuen und im Ofen 15–20 Min. überbacken. Kurz abkühlen lassen, dann servieren.

> TIPP Die Kombi aus Makkaroni und Käse ist in den USA sehr beliebt. Hier gibt es für die Zubereitung auch Fertigmischungen. Die Zubereitung ist ganz einfach, vor allem wenn sich der Thermomix® um das Erwärmen der Käseprodukte kümmert. Da brennt nichts an und die Soße wird herrlich cremig.

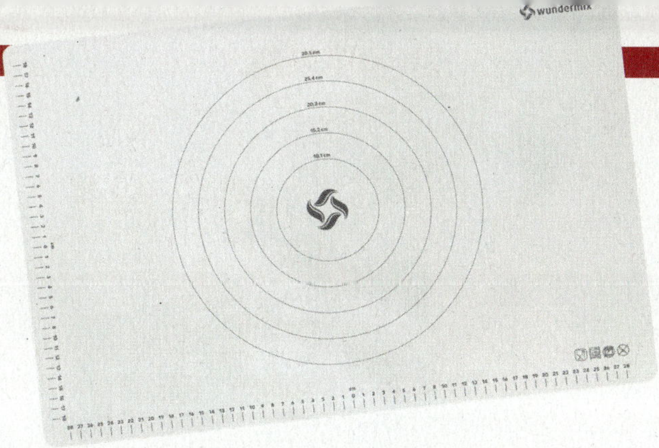

TEIGUNTERLAGE

Zum sauberen, präzisen Kneten, Ausrollen und Formen von Pasta- und anderen Teigen.

35,85 €

ZAUBERCUPS

8 Silikon-Förmchen, die perfekt in den Varoma® passen. Zum Dampfgaren, Backen, Einfrieren und Servieren.

19,95 €

Genial!

SILIKON-AUFLAUFFORM

Passt perfekt in den Einlegeboden – Omelett, Tortilla, Gemüse, Fisch & Co. endlich ganz ohne Tropfen!

15,95 €

DAMPFGARTEILER

Den Varoma® in praktische Fächer unterteilen für separates Gargut.

Je Hälfte **15,95 €**

BIO*-GEWÜRZMISCHUNGEN

Die ZauberPrise zum einfachen Würzen. Mit 1 TL sind 2 Portionen rundum gut abgeschmeckt!

Je Sorte à 200 g **8,99 €**

Bio nach EG-Öko-Verordnung

* 100 % Bio-Qualität: Die Zutaten der Gewürzmischung stammen aus kontrolliert biologischem Anbau DE-ÖKO-009 und EU-/Nicht-EU-Landwirtschaft

SÜSSES

SÜSSES GLÜCK

Nudeln als Süßspeise? Wie ihr Pasta mal anders zubereitet, erfahrt ihr hier

ZUM VERLIEBEN

Mohnnudeln mit Nüssen und Rosinen

00 50 std : min

LOW CARB LOW FAT

PRO PORTION: 866 KCAL | 27 G E | 45 G F | 93 G KH
ZZGL. 30 MIN. RUHEZEIT
ZUTATEN FÜR 4 PERSONEN

- **300 g Mehl Type 405 zzgl. etwas mehr zum Bearbeiten**
- **2 Eier**
- **100 g Wasser zzgl. etwas mehr zum Einweichen**
- **Salz**
- **40 g Rosinen**
- **20 g Rum, nach Belieben**
- **etwas Weizengrieß**
- **80 g Walnusskerne**
- **200 g Mohn**
- **30 g Butter**
- **40 g Zucker**
- **½ TL Zimtpulver**

1 | Mehl mit Eiern, 100 g Wasser sowie ½ TL Salz in den geben und **3 Min.** | verkneten. Den Teig mit den Händen noch einmal durchkneten, zu einer Kugel formen und in Frischhaltefolie gewickelt etwa 30 Min. im Kühlschrank ruhen lassen.

2 | Inzwischen die Rosinen nach Belieben in Rum und etwas Wasser einweichen. Den Teig auf einer bemehlten Arbeitsfläche dünn ausrollen und in ca. 5 mm breite Streifen schneiden. Die Nudeln lockern, mit etwas Grieß vermengen und kurz antrocknen lassen.

3 | Nudeln in reichlich kochendem Salzwasser 3–5 Min. bissfest garen. Die Walnüsse in einer Pfanne rösten, abkühlen lassen, im **4 Sek. | Stufe 6** grob zerkleinern und umfüllen. Mohn einwiegen und **20 Sek | Stufe 10** mahlen. Dann Butter, Zucker sowie Zimt zugeben und **1 Min. 30 Sek. | 60 °C | Stufe 1** verrühren.

4 | Mohn-Butter-Mischung mit den Nudeln vermengen, auf Tellern anrichten, mit den abgetropften Rosinen und gerösteten Walnüssen bestreuen und gleich servieren.

> **VARIANTE** Die leckeren Mohnnudeln könnt ihr ganz nach eurem Geschmack verändern. Statt Rosinen könnt ihr zum Beispiel Cranberrys verwenden. Und anstelle von Walnüssen probiert auch einmal Haselnüsse.

CRUNCHY
Die grob zerkleinerten Nüsse verleihen dem Gericht das gewisse Etwas. Mahlt die Nüsse daher nicht zu klein, **4 Sek. | Stufe 6** genügen.

FIX

Milchnudeln mit Apfel-Nuss-Topping

00 30
std : min

CARB FAT

PRO PORTION: 775 KCAL | 20 G E | 28 G F | 108 G KH

ZZGL. 30 MIN. RUHEZEIT

ZUTATEN FÜR 4 PERSONEN

- ★ **50 g Rosinen**
- ★ **20 g Rum**
- ★ **40 g Haselnusskerne, gehobelt**
- ★ **3 Äpfel, geviertelt**
- ★ **700 g Milch**
- ★ **300 g Wasser**
- ★ **1 Prise Salz**
- ★ **1 Prise Zimtpulver**
- ★ **40 g selbst gemachter Vanillezucker**
- ★ **40 g Zucker**
- ★ **300 g kurze Röhrennudeln**
- ★ **150 g Sahne**

1 | Die Rosinen ca. 30 Minuten in Rum einweichen. Haselnüsse in einer Pfanne ohne Fett unter Rühren rösten, bis sie leicht gebräunt sind. Äpfel in den geben, **5 Sek.** | **Stufe 4** zerkleinern und umfüllen.

2 | Milch, Wasser, Salz, Zimt, Vanillezucker, Zucker sowie abgetropfte Rosinen in den geben und **8 Min.** | **100 °C** | **Stufe 2** erhitzen.

3 | Die Nudeln zufügen und **Zeiteinstellung nach Packungsangabe** | **95 °C** | | **Stufe 1** leicht köcheln lassen. Äpfel mit Sahne zugeben, alles mit dem gut vermengen und **5 Min.** | **95 °C** | | **Stufe 1** weitergaren.

4 | Die süßen Nudeln in Schalen verteilen und mit gerösteten Haselnüssen garniert servieren.

>**VANILLEZUCKER** Ihr könnt Vanillezucker ganz einfach selbst herstellen: 200 g Zucker und 1 Vanilleschote in den geben, **20 Sek.** | **Stufe 10** vermengen. In ein Schraubglas füllen. 2–3 Wochen ziehen lassen, ab und an schütteln. Wie herkömmlichen Vanillezucker verwenden.

Foto: StockFood/Gräfe & Unzer Verlag/Schardt, Wolfgang

Pasta mit Erdbeeren und Joghurt

00 25
std : min

PRO PORTION: 567 KCAL | 19 G E | 16 G F | 86 G KH
ZUTATEN FÜR 4 PERSONEN

- **400 g Linguine**
- **Salz**
- **40 g Mandelblättchen**
- **500 g Erdbeeren, in Stücken**
- **200 g Sahnejoghurt**
- **30 g Honig**
- **Saft von 1 Zitrone**
- **Zimtpulver**

1 | Nudeln nach Packungsanweisung in reichlich kochendem Salzwasser bissfest garen. In der Zwischenzeit Mandeln ohne Zugabe von Fett in einer Pfanne rösten.

2 | 200 g Erdbeeren mit Joghurt, Honig und Zitronensaft in den Mixtopf geben und **30 Sek. | Stufe 8** pürieren. Mit den Nudeln vermengen und in tiefen Tellern anrichten. Die restlichen Erdbeeren und Mandeln darauf verteilen und mit Zimt bestäuben.

FRUCHTIG

Nur einen Teil der Erdbeeren verwendet ihr für die Joghurtsoße. Die 200 g pürierten Früchte verleihen der cremigen Soße eine herrlich fruchtige Note. Die übrigen 300 g gebt ihr dann in Stücken auf das Gericht.

EASY

Schokoladen-Mascarpone-Ravioli mit Karamellsoße

00 45 std : min

LOW CARB LOW FAT

PRO PORTION: 524 KCAL | 10 G E | 29 G F | 55 G KH

ZZGL. 1 STD. 30 MIN. RUHEZEIT

ZUTATEN FÜR 8 PERSONEN

FÜR DEN TEIG

- **300 g Weizenmehl Type 405 zzgl. etwas mehr zum Bearbeiten**
- **25 g Kakaopulver**
- **Salz**
- **30 g Puderzucker**
- **3 Eier**

FÜR DIE FÜLLUNG

- **200 g Mascarpone**
- **100 g Nugatcreme**
- **1 Eigelb**
- **Salz**
- **1 EL Puderzucker**
- **etwas Wasser, zum Bestreichen**

FÜR DIE SOSSE UND GARNITUR

- **100 g Zucker**
- **100 g Sahne**
- **40 g Butter**
- **Fleur de Sel**
- **Kakaopulver**
- **80 g Sahne, halb steif geschlagen**
- **Schokoperlen, braun und weiß**
- **etwas Minze**

1 | Für den Teig Mehl, Kakaopulver, 1 Prise Salz, Puderzucker sowie Eier in den geben und **2 Min.** | kneten. Den Teig auf einer leicht bemehlten Arbeitsplatte nochmals mit den Händen durchkneten, in Frischhaltefolie wickeln und ca. 1 Std. ruhen lassen. Den spülen.

2 | Für die Füllung alle Zutaten, bis auf das Wasser, in den geben und **15 Sek.** | **Stufe 3** verrühren. Den Teig portionsweise mit der Nudelmaschine zu dünnen, etwa 10 cm breiten Bahnen ausrollen. Auf eine Seite im Abstand von ca. 6 cm je 1 TL Füllung daraufgeben. Den Teig rings um die Füllung mit etwas Wasser bestreichen.

3 | Die Teigbahnen auf die Hälfte zusammenklappen und gut andrücken. Mit einem gewellten Teigrad jeweils ca. 4 cm große Rechtecke ausschneiden und die Ränder mit einer Gabel gut andrücken. Die Ravioli ca. 30 Min. antrocknen lassen.

4 | Für die Soße Zucker in einem Topf schmelzen und goldbraun karamellisieren, dann die Sahne zugießen und kurz köcheln lassen. Butter unterrühren. Die Karamellsoße mit 1–2 Prisen Fleur de Sel abschmecken.

5 | Die Ravioli portionsweise in kochendem Salzwasser 4–5 Min. garen und gut abtropfen lassen. Die Teller leicht mit Kakaopulver bestreuen, einen Spiegel aus halb steif geschlagener Sahne und Karamellsoße daraufgeben und die Ravioli darauf anrichten. Mit Schokoladenperlen und Minzblättchen garniert servieren.

> **FORMSACHE** Statt klassischer rechteckiger Ravioli könnt ihr zum Beispiel auch Herz- oder Sternformen zubereiten. Hierzu verwendet ihr einfach Keksausstecher!

Foto: StockFood/StockFood Studios/Photoart

SOSSEN & PESTOS

Foto: siehe Seite 133

AUF VORRAT

Die besten Pestos und Soßen ganz einfach aus dem Thermomix®

IMMER EINE GUTE IDEE

Bolognese

01 | 00 std : min

LOW CARB LOW FAT

PRO PORTION (100 G):
146 KCAL | 11 G E | 9 G F | 8 G KH
ZUTATEN FÜR 2 GLÄSER À 500 ML

- **1 Zwiebel, halbiert**
- **1 Knoblauchzehe**
- **150 g Karotten, in Stücken**
- **2 getrocknete Tomaten**
- **30 g natives Olivenöl extra**
- **500 g Rinderhackfleisch**
- **400 g passierte Tomaten**
- **1 EL Gemüse-Gewürzpaste**
- **100 g Wasser**
- **1 Lorbeerblatt**

1 | Zwiebel, Knoblauch, Karotten sowie getrocknete Tomaten in den Mixtopf geben, **5 Sek.** | **Stufe 8** zerkleinern. Mit dem Spatel nach unten schieben. Das Öl zufügen und alles **3 Min.** | **120 °C** **[TM31 bitte Varoma®]** | **Stufe 2** andünsten.

2 | Hackfleisch zugeben und **10 Min.** | **120 °C** **[TM31 bitte Varoma®]** | Linkslauf | **Stufe 1** dünsten. Das Fleisch zwischendurch ggf. mit dem Spatel vom Boden lösen.

3 | Passierte Tomaten, Gemüsepaste, Wasser und das Lorbeerblatt in den Mixtopf geben. Den Garkorb als Spritzschutz auf den Deckel des Mixtopfs stellen und alles **30 Min.** | **95 °C** | **Stufe 1** kochen. Lorbeerblatt entfernen, in sterile Gläser füllen und sofort verschließen.

>**HALTBARKEIT** Im Kühlschrank hält sich die Soße 2–3 Tage.

Die beste Tomatensoße der Welt

00 | 30 std : min

LOW CARB | LOW FAT

PRO PORTION (100 G):
44 KCAL | 1 G E | 3 G F | 3 G KH

ZUTATEN FÜR 2 GLÄSER À 500 ML

- ★ **Blättchen von 3 Stielen Thymian**
- ★ **Blättchen von 1 Stiel Salbei**
- ★ **2 Zwiebeln, halbiert**
- ★ **1 Knoblauchzehe**
- ★ **30 g Rapsöl**
- ★ **30 g Tomatenmark**
- ★ **800 g stückige Tomaten (Dose)**
- ★ **1 Lorbeerblatt**
- ★ **½ TL Zucker**
- ★ **1½ TL Salz**
- ★ **¼ TL frisch gemahlener schwarzer Pfeffer**

1 | Thymian mit Salbei im Mixtopf **2 Sek.** | **Turbo** zerkleinern und umfüllen. Zwiebeln und Knoblauch in den Mixtopf geben, **3 Sek.** | **Stufe 7** zerkleinern. Mit dem Spatel nach unten schieben.

2 | Öl zufügen, alles **2 Min.** | **120 °C** **[TM31 bitte Varoma®]** | **Stufe 2** andünsten. Tomatenmark zugeben und **2 Min.** | **120 °C** **[TM31 bitte Varoma®]** | **Stufe 2** dünsten. Messbecher einsetzen, Tomaten zufügen und **5 Min.** | **100 °C** | **Stufe 2** aufkochen lassen. Anschließend **15 Sek.** | **Stufe 8** pürieren. Thymian, Salbei, Lorbeer und Zucker zugeben, kräftig mit Salz und Pfeffer würzen.

3 | Die Soße **10 Min.** | **80 °C** | Linkslauf | **Stufe 2** ohne Messbecher köcheln lassen, Lorbeer entfernen, abschmecken, in sterile Gläser füllen und verschließen.

>**HALTBARKEIT** Kühl und lichtgeschützt gelagert 2–3 Wochen haltbar.

Fotos: Anna Gieseler

Arrabbiata-Soße

00:45 std : min

PRO PORTION (100 G):
41 KCAL | 1 G E | 3 G F | 3 G KH

ZUTATEN FÜR 4 GLÄSER À 450 ML

- **Blättchen von ½ Bund Oregano**
- **Blättchen von 5 Stielen Basilikum**
- **2 Zwiebeln, halbiert**
- **2 Knoblauchzehen**
- **3 Chilischoten, in Stücken**
- **50 g natives Olivenöl extra**
- **60 g Tomatenmark**
- **1600 g stückige Tomaten (Dose)**
- **1 EL Zucker**
- **1½ EL Salz**
- **1 TL frisch gemahlener schwarzer Pfeffer**

1 Oregano mit Basilikum im **3 Sek. | Stufe 8** zerkleinern und umfüllen. Zwiebeln, Knoblauch und Chili in den [Mixtopf] geben, **6 Sek. | Stufe 7** zerkleinern.

2 Öl zufügen, alles **4 Min. | 120°C [TM31 bitte Varoma®] | Stufe 2** andünsten. Tomatenmark zugeben und **2 Min. | 120°C [TM31 bitte Varoma®] | Stufe 2** dünsten. Tomaten zufügen, **5 Min. | 100°C | Stufe 2** aufkochen lassen. Anschließend **5 Sek. | Stufe 8** pürieren. Oregano, Basilikum und Zucker zugeben, kräftig mit Salz und Pfeffer würzen.

3 Die Soße **25 Min. | 90°C | [Linkslauf] | Stufe 2** ohne Messbecher köcheln lassen. Die fertige Soße in sterile Gläser abfüllen, sofort verschließen und vollständig abkühlen lassen.

>**HALTBARKEIT** Kühl und lichtgeschützt gelagert ist die Soße bis zu 3 Wochen haltbar.

TIPP

Wenn aus der Soße eine Suppe gemacht werden soll, kocht ein Glas der Soße auf und gebt 1 TL Gemüse-Gewürzpaste und 500 g Wasser dazu. Je nach gewünschter Schärfe könnt ihr dabei auch noch mehr oder weniger Chili verwenden.

Quattro Formaggi

00 20
std : min

LOW CARB LOW FAT

PRO PORTION (100 G):
263 KCAL | 12 G E | 23 G F | 4 G KH
ZUTATEN FÜR 1 GLAS À 450 ML

- **50 g Parmesan, in Stücken**
- **1 kleine Knoblauchzehe**
- **50 g alter Gouda, in Stücken**
- **50 g Emmentaler, in Stücken**
- **10 g Stärke**
- **150 g Milch**
- **150 g Sahne**
- **60 g Gorgonzola, in Stücken**
- **Salz**
- **1 Prise frisch gemahlener schwarzer Pfeffer**

1 | Parmesan, Knoblauch, Gouda und Emmentaler in den Mixtopf geben und **8 Sek. | Stufe 5** zerkleinern.

2 | Stärke, Milch, Sahne, Gorgonzola, ¼ TL Salz sowie Pfeffer in den Mixtopf geben und mit eingesetztem Messbecher **10 Min. | 90 °C | Stufe 2** garen. Soße in ein steriles Glas füllen, fest verschließen.

>**HALTBARKEIT** Im Kühlschrank hält sich die Soße 2–3 Tage.

Fotos: Anna Gieseler

Pesto genovese

00 | 05
std : min

LOW CARB · LOW FAT

PRO PORTION (30 G):
186 KCAL | 5 G E | 18 G F | 1 G KH
ZUTATEN FÜR 3 GLÄSER À 150 ML

- **150 g Parmesan, in Stücken**
- **100 g Basilikumblätter**
- **3 Knoblauchzehen**
- **50 g Pinienkerne**
- **150 g natives Olivenöl extra zzgl. etwas zum Bedecken**
- **Meersalz**
- **frisch gemahlener schwarzer Pfeffer**
- **1 Prise Zucker**

Parmesan im Mixtopf **10 Sek. | Stufe 10** zerkleinern. Übrige Zutaten in den Mixtopf geben und **25 Sek. | Stufe 7,5** zerkleinern. Pesto in sterile Gläser füllen, mit etwas Olivenöl bedecken und verschließen.

>**HALTBARKEIT** Im Kühlschrank hält sich das Pesto 3–4 Wochen.

Pesto rosso

00 | 10
std : min

LOW CARB · LOW FAT

PRO PORTION (30 G):
131 KCAL | 2 G E | 13 G F | 3 G KH
ZUTATEN FÜR 2 GLÄSER À 250 ML

- ★ **50 g Pinienkerne**
- ★ **50 g Parmesan, in Stücken**
- ★ **2 Knoblauchzehen**
- ★ **200 g getrocknete Tomaten in Öl, abgetropft**
- ★ **150 g natives Olivenöl extra zzgl. etwas mehr zum Bedecken**
- ★ **1 TL Meersalz**
- ★ **1 Prise frisch gemahlener schwarzer Pfeffer**

1 | Pinienkerne in einer Pfanne ohne Fett anrösten und abkühlen lassen. Parmesan mit Knoblauch in den geben und **10 Sek. | Stufe 10** zerkleinern. Die Pinienkerne zufügen, **5 Sek. | Stufe 8** zerkleinern und umfüllen.

2 | Getrocknete Tomaten in den geben, **5 Sek. | Stufe 10** zerkleinern und mit dem nach unten schieben. Parmesan-Mischung, Öl, Salz und Pfeffer zufügen, **20 Sek. | Stufe 3,5** vermengen und abschmecken.

3 | Das Pesto in sterile Gläser umfüllen und die Oberfläche mit reichlich Olivenöl bedecken.

>**HALTBARKEIT** Maximal für 4 Wochen im Kühlschrank aufbewahren.

Fotos: Anna Gieseler

KOMBINATIONSTIPP
Pesto kann klassisch zu Nudeln und Gnocchi serviert werden, eignet sich aber auch als herzhafter Pizzabelag, als raffinierte Füllung für pikantes Hefegebäck, als Aromakick für Aufläufe, als frische Würze in Kartoffel-, Nudel- und Bohnensalaten, auf gegrilltem Fleisch und Fisch oder als Brotaufstrich.

Ricotta-Walnuss-Pesto

00 05
std : min

LOW CARB LOW FAT

PRO PORTION (30 G):
103 KCAL | 4 G E | 9 G F | 2 G KH
ZUTATEN FÜR 2 GLÄSER À 150 ML

- **50 g Walnusskerne**
- **2 Knoblauchzehen**
- **Blättchen von 2 Stielen Basilikum**
- **50 g Parmesan, frisch gerieben**
- **125 g Ricotta**
- **3 EL Tomatenmark**
- **3 EL Walnussöl zzgl. etwas mehr zum Bedecken**
- **½ TL Weißweinessig**
- **1 Prise Chilipulver**
- **1 Prise Zucker**
- **1 Prise Salz**
- **1 Prise frisch gemahlener schwarzer Pfeffer**

1 | Die Walnusskerne in den Mixtopf geben und **3 Sek. | Stufe 5** zerkleinern. Anschließend in einer Pfanne ohne Zugabe von Fett anrösten, herausnehmen und abkühlen lassen.

2 | Knoblauch in den Mixtopf geben, **2 Sek. | Stufe 8** zerkleinern und mit dem Spatel nach unten schieben. Basilikum, Parmesan sowie die gerösteten Walnusskerne zufügen und alles **5 Sek. | Stufe 8** zerkleinern. Restliche Zutaten zugeben und **10 Sek. | Stufe 3** vermengen. In kleine sterile Gläschen füllen und mit Walnussöl bedecken.

>**HALTBARKEIT** Im Kühlschrank gelagert etwa 3–4 Wochen haltbar.

Fotos: Anna Gieseler; StockFood/Melikuh, Irina

Kräuterpesto

00 | 15
std : min

LOW CARB LOW FAT

PRO PORTION (30 G):
52 KCAL | 1 G E | 5 G F | 0 G KH
ZUTATEN FÜR 1 GLAS À 350 ML

- **60 g Nüsse, z.B. Walnusskerne**
- **60 g Parmesan, in Stücken**
- **ca. 100 g Kräuter, z.B. Bärlauch**
- **Salz**
- **frisch gemahlener schwarzer Pfeffer**
- **120 g natives Olivenöl extra zzgl. etwas mehr zum Bedecken**

1 | Die Walnusskerne im ◻ **3 Sek. | Stufe 5** grob zerkleinern. In einer Pfanne ohne Zugabe von Fett rösten, herausnehmen und abkühlen lassen.

2 | Den Parmesan in den ◻ geben und **12 Sek. | Stufe 10** zerkleinern.

3 | Bärlauch, Walnüsse, Salz und Pfeffer in den ◻ zum Parmesan geben, **15 Sek. | Stufe 8** zerkleinern. Mit dem ◻ nach unten schieben. Olivenöl zufügen und **20 Sek. | Stufe 6** pürieren.

4 | Pesto in ein steriles Glas füllen, mit Öl bedecken und fest verschließen.

> **TIPP** Parmesan ist nicht vegetarisch, da zu dessen Herstellung tierisches Lab verwendet wird. Eine vegetarische Alternative ist der Hartkäse Montello.

> **HALTBARKEIT** Kühl und lichtgeschützt gelagert 3–4 Wochen haltbar.

RATGEBER

PRONTO: PESTO!

Alles, was ihr für ein köstliches Pesto braucht, sind ein paar gute Zutaten und euren Thermomix®

Mixt euer neues Lieblingspesto selbst, ihr habt so viele Kombinationsmöglichkeiten. Als perfektes Verhältnis dafür gilt je in Gramm: 1 Teil Hartkäse, 1 Teil Kräuter, 1 Teil Nüsse/Kerne und 2 Teile Öl.

DIY-Pesto

KRÄUTER-BASIS

Der Klassiker: reichlich Basilikum. Allerdings könnt ihr so gut wie alle zartblättrigen Kräuter verwenden. Probiert alternativ Petersilie, Schnittlauch oder Wildkräuter wie Löwenzahn und Brennnessel. Sie werden im fein zerkleinert. Auch eingelegtes Gemüse wie Paprika und Tomaten, frisches Blattgemüse wie Rucola oder Spinat oder Avocado, Champignons und Erbsen bilden eine aromatische Basis.

NÜSSE

Pinienkerne, ob pur oder geröstet, verleihen dem Pesto die angenehm nussige Note. Auch Cashewkerne, Mandeln oder andere Nusskerne könnt ihr verwenden.

ÖL

In original italienischem Pesto steckt besonders hochwertiges Olivenöl. Ihr könnt es auch mit neutralem Sonnenblumen- oder etwas Nussöl verfeinern.

KÄSE

Wichtig ist, dass der Käse möglichst fein zerkleinert ist, d. h. besonders Hartkäse ist für Pesto gut geeignet. Zum Beispiel: Parmesan, Manchego oder auch Bergkäse. Gebt mindestens 100 g Käse gekühlt und in Stücken in den und zerkleinert ihn **10 Sek. | Stufe 10**.

Als vegane Alternative für Käse: Erhöht einfach den Nussanteil etwas, dann erhaltet ihr auch die richtige Konsistenz.

DER FRISCHE-TRICK

Damit euer selbst gemixtes Pesto lange frisch bleibt, bewahrt es stets auch nach jeder Entnahme großzügig mit Öl bedeckt im Kühlschrank auf. So kann es sich mehrere Wochen halten.

PESTO EINFRIEREN?

Klar geht das! Füllt das Pesto dafür in eine Eiswürfelform und gebt es in den kältesten Bereich eures Gefrierschranks. So eingefroren hält es sich bis zu einem Jahr. Zur Verwendung taut die benötigte Portion am besten über Nacht im Kühlschrank auf oder gebt es kurz bei schwacher Hitze in einen Topf.

AN DIE PASTA, FERTIG, LOS!

Pesto wird immer kalt auf die heißen Nudeln gegeben. Nach dem Abgießen der Nudeln das Pesto direkt aus dem Glas an die tropfnasse Pasta geben, gut unterheben und die Nudeln so direkt servieren. Auf diese Weise wird das Pesto warm genug und entfaltet sein volles Aroma.

AROMATISCHES MULTITALENT

Pesto ist nicht nur zu Pasta ein Genuss. Es verfeinert auch Dressings oder Dips und schmeckt als Brotaufstrich. Besonders frisch: die Kombi mit Tomaten und Mozzarella. Raffiniert setzt ihr es als Füllung in Ravioli oder in einem Hefekranz ein. Oder probiert Pesto als Dip zusammen mit Pellkartoffeln oder als perfekte Ergänzung zu Fisch oder Fleisch. Auch lecker: Etwas Pesto auf dem Pizzaboden bietet eine schön würzige Basis!

KÜCHENKRÄUTER

Frische Kräuter dürfen in keiner Küche fehlen. Fix aus dem eigenen Beet geerntet und im zerkleinert verfeinern Basilikum, Schnittlauch, Petersilie & Co. euer Pesto mit einem herrlichen Aroma. Es muss nicht immer ein ganzes Beet sein, schon auf der Fensterbank ist Platz für einen Topf. Grundsätzlich gilt für die Topfgröße die Faustregel: Etwa so hoch und so breit wie die Pflanze sollte er idealerweise sein. D. h. für Petersilie und Schnittlauch reichen 20 cm Breite und Höhe. Achtet dabei darauf, dass das Wasser abfließen kann. Wenn ihr doch lieber auf frische Kräuter aus dem Supermarkt zurückgreifen möchtet: Viele halten sich lange frisch, wenn die Stiele in Wasser gestellt und im Kühlschrank gelagert werden.

EINKAUFSZETTEL

Verwendet die besten Zutaten, die ihr bekommen könnt, denn man schmeckt jede einzelne gut heraus!

Pinienkerne

Nüsse und Kerne geben eurem Pesto Biss. Wichtig: Sie müssen frisch und aromatisch sein! 1A-Qualität findet ihr im Sortiment von Seeberger. Die Pinienkerne gibt's in den Sorten „mild", „würzig-fein" oder „aus dem Mittelmeerraum". 50 g, ca. 3 Euro, shop.seeberger.de

Parmesan

Unsere Empfehlung: „Parmigiano Reggiano" mit 24-monatiger Reifezeit von Giovanni Ferrari. Denn bei Hartkäse gilt: je älter, desto besser. Die gute Qualität lohnt sich und verleiht euren Pasta- und Pestokreationen den echten italienischen Geschmack. 150 g, ca. 5 Euro. Mehr unter www.ich-liebe-kaese.de

Olivenöl

Ein edler Tropfen Öl trägt entscheidend zum Geschmack eurer hausgemachten Pestos und Soßen bei. Unser Tipp: Carapelli „Bio" natives Olivenöl extra. Die edle Flasche ist mit einem praktischen Dosierausguss versehen. 500 ml, ca. 9 Euro, www.carapelliolivenoel.de

Fotos: Anna Gieseler & Kathrin Knoll (2); Adobe Stock/jchizhe (1); Seeberger (1); Giovanni Ferrari (1); Carapelli (1)

mein ZauberTopf

SYMBOLE

Mit unseren Symbolen und Angaben habt ihr schnell den Überblick, ob ein Rezept eurer Ernährung entspricht und wie man es zubereitet

REZEPTE

Damit ihr beim Kochen schnell erfassen könnt, was zu tun ist, haben wir wiederkehrende Funktionen und Zubehöre durch die gezeigten Symbole ersetzt.

- MIXTOPF
- TEIGMODUS
- LINKSLAUF
- SPATEL
- SANFTRÜHRSTUFE

ERNÄHRUNG

Ob ein Rezept eure ganz persönlichen Ernährungskriterien erfüllt, erkennt ihr an unseren Kennzeichnungen direkt an den Rezepten.

Erfüllt ein Rezept ein Kriterium, ist das entsprechende Symbol eingefärbt. Ist die Eigenschaft nicht erfüllt, ist das Symbol ausgegraut.

So seht ihr auf einen Blick, ob ihr bedenkenlos zugreifen könnt!

- VEGETARISCH
- VEGAN
- LAKTOSEFREI
- GLUTENFREI
- KALORIENARM
  Hauptgerichte < 500 kcal
  Suppen/Vorspeisen < 350 kcal
  süße Rezepte < 150 kcal
  jeweils pro Portion
- LOW CARB – KOHLENHYDRATARM
  < 25 % der kcal entstehen durch Kohlenhydrate
- LOW FAT – FETTARM
  < 20 % der kcal entstehen durch Fett

NÄHRWERTE

Zu jedem Rezept findet ihr die konkreten Nährwerte mit den hier rechts erklärten Abkürzungen.

KCAL – Kilokalorien

g E – Gramm Eiweiß

g F – Gramm Fett

g KH – Gramm Kohlenhydrate

Impressum

mein ZauberTopf GOLD-EDITION ist eine unabhängige Publikation aus dem Hause falkemedia und steht in keinerlei Verbindung zu den Unternehmen der Vorwerk-Gruppe. Die Marken „Thermomix®", „TM5®", „Varoma®" und die Produktgestaltungen des „Thermomix®" sind eingetragene Marken der Unternehmen der Vorwerk-Gruppe. Für die Rezeptangaben in **mein ZauberTopf GOLD-EDITION** ist ausschließlich falkemedia verantwortlich.

Verlag
falkemedia GmbH & Co. KG, An der Halle 400 #1, 24143 Kiel
Tel. +49 431 200 766-0, Fax +49 431 20 07 66 50
E-Mail: info@zaubertopf.de, www.zaubertopf.de

Herausgeber
Kassian Alexander Goukassian (v. i. S. d. P.)

Mitglied der Geschäftsleitung & Ltg. Marketing
Wolfgang Pohl

Chefredakteurin/Teamleitung
Vivien Koitka

Redaktion (redaktion@zaubertopf.de)
Dr. Tanja Lindauer, Svenja Rudolf, Hannah Hold (in Elternzeit), Tina Richter (CvD), Alexandra Jürgensen (Druckmanagement)

Für Rezeptfragen, Korrekturen und Anmerkungen
www.zaubertopf.de/rezept-updates

Rezeptentwicklung
Charlotte Heyn, Sebastian Lenz, Vera Schubert, Lukas Lotzing, Madeline Bartsch, Sven Hoevermann (Küchenmeister)

Layout und Bildbearbeitung
Nele Witt, Lara Klemm, Lisza Clausen, Kathrin Knoll

Lektorat
SchlussBlick

Fotografen dieser Ausgabe
Sabine Büttner, Anna Gieseler, Jorma Gottwald, Kathrin Knoll, Ira Leoni, Thomas Neckermann, Nicky & Max, Alexandra Panella, Désirée Peikert, Annamaria Zinnau

Abonnementbetreuung
abo@zaubertopf.de, Tel. +49 711 72 52 293,
mein ZauberTopf Abo-Service, Postfach 810640, 70523 Stuttgart

Mediaberatung
Martin Wetzel (Martin.Wetzel@brmedien.de)
Tel. +49 2241 1774 14, Fax: +49 2241 1774 20

Sascha Eilers (s.eilers@falkemedia.de),
Tel. +49 4340 49 93 79, mobil: +49 151 53 83 44 12, Fax: +49 4340 49 93 91

Anzeigenkoordination
Dörte Schröder (d.schroeder@falkemedia.de), Tel. +49 431 20 07 66 12

Anzeigenpreise
Siehe Mediadaten 2021 unter www.zaubertopf.de

Produktionsmanagement/Druck
impress GmbH, www.impress-media.de

Vertrieb
DMV Der Medienvertrieb GmbH & Co. KG, Meßberg 1, 20086 Hamburg

Vertriebsleitung
Hans Wies, DMV Der Medienvertrieb GmbH & Co.
(hans.wies@dermedienvertrieb.de)

Bezugsmöglichkeiten
Abo, Zeitschriften- und Buchhandel, Bahnhöfe, Flughäfen

Einzelpreis: 8,99 Euro (Gold-Edition);
5,50 Euro (reguläres Heft), 9,99 Euro (Spezial)
Jahresabonnement Gold-Edition: 29,90 Euro,
Europäisches Ausland zzgl. 0,90 Euro je Ausgabe. In den Preisen sind Mehrwertsteuer und Zustellung enthalten. Bezogen auf 4 Ausgaben im Jahr. Der Verlag behält sich die Veränderung der Erscheinungsfrequenz vor.

Manuskripteinsendung
Manuskripte jeder Art werden gerne entgegengenommen. Sie müssen frei von Rechten Dritter sein. Mit der Einsendung gibt der Verfasser die Zustimmung zum Abdruck des Manuskripts auf Datenträgern der Firma falkemedia. Ein Einsenden garantiert keine Veröffentlichung. Honorare nach Vereinbarung oder unseren AGB. Für unverlangt eingesandte Manuskripte übernimmt der Verlag keine Haftung.

Veröffentlichungen
Sämtliche Veröffentlichungen in dieser Fachzeitschrift erfolgen ohne Berücksichtigung eines eventuellen Patentschutzes. Warennamen werden ohn Gewährleistung einer freien Verwendung benutzt.

Haftungsausschluss
Für Fehler im Text, in Schaltbildern, Aufbauskizzen usw., die zum Nichtfunktionieren führen, wird keine Haftung übernommen.

Datenschutz
Jürgen Koch (datenschutzanfrage@falkemedia.de),
falkemedia GmbH & Co. KG, Abt. Datenschutz,
An der Halle 400 #1, 24143 Kiel

Bei falkemedia erscheinen außerdem die Publikationen LandGenuss, So is(s)t Italien, NaturApotheke, Mac Life, BEAT, DigitalPHOTO, BÜCHER, Healthy Life und monsieur cuisine.

©falkemedia, 2021 | www.falkemedia.de |
ISSN 2510-392X | ISBN 978-3-96417-149-8